蒸場で男女が歌を歌いながら、蒸したり、蒸しあげた葉を扇いで冷ましたりしている図（『古代製茶図』明治期の写より）

宇治茶と上林一族
上林
春松
秀敏
宮帯出版社

本扉挿図：上林家暖簾

※本扉は上林家暖簾を基に画像を合成しております。

宇治・上林記念館 長屋門

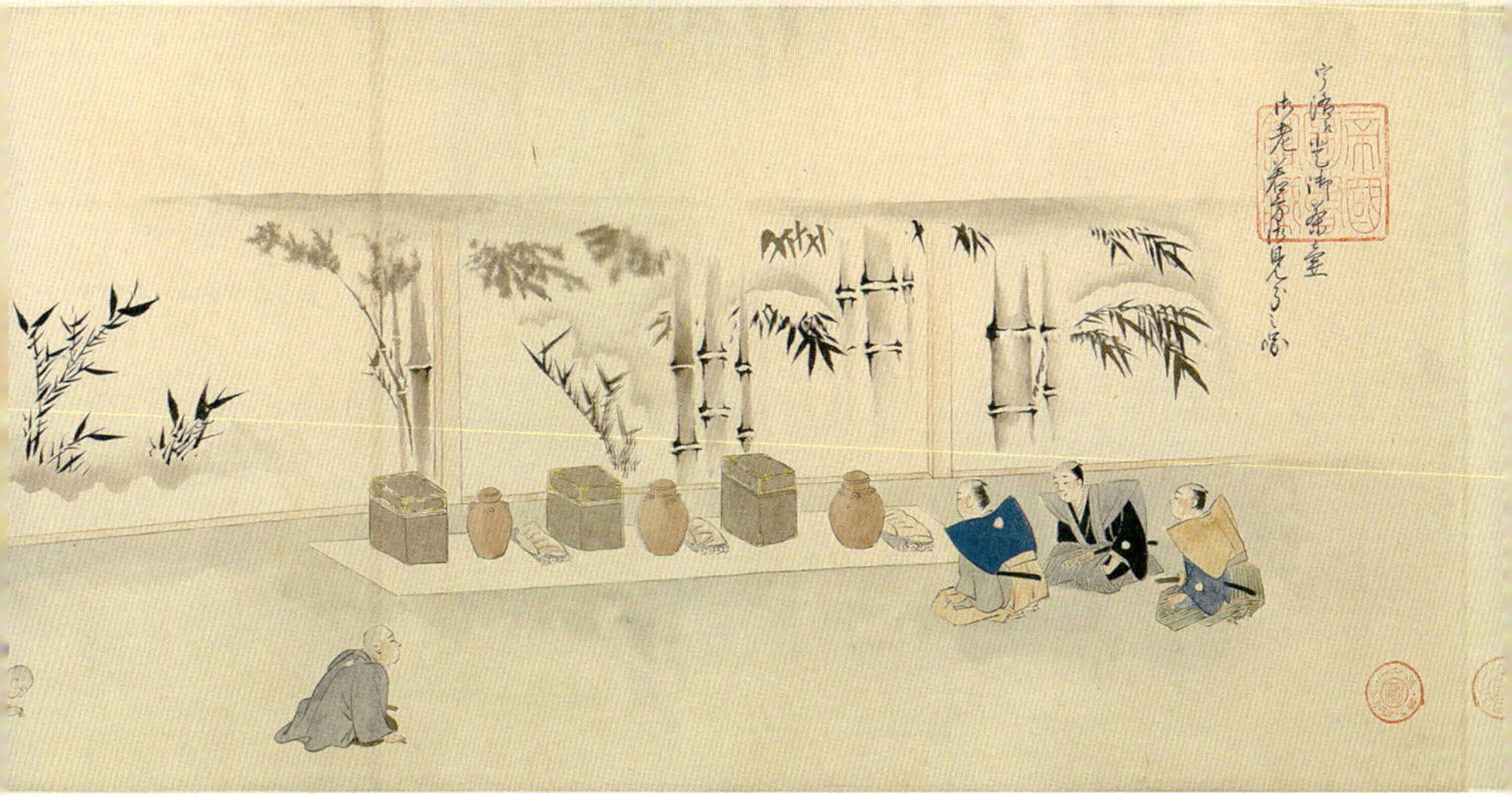

宇治へ運ぶ茶壺を確認する老中たち　『**宇治御茶壺之巻**』（国立国会図書館デジタルコレクション）

壺詰めの準備（101頁参照）

袋詰めした極上濃茶の碾茶

いよいよ御茶壺道中の出立ち

茶壺の荷造りは厳重に

碾茶を詰めた壺の中央に極上の袋茶を入れる

御茶壺道中に使用された駕籠

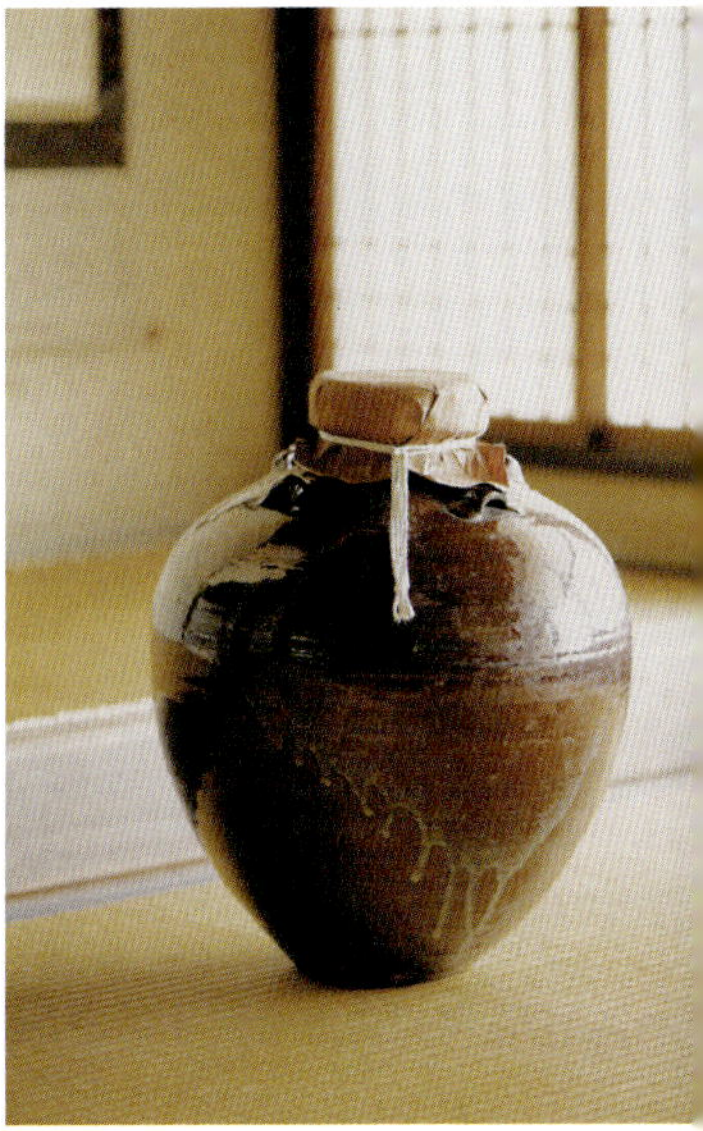
封印された茶壺

大御番衆

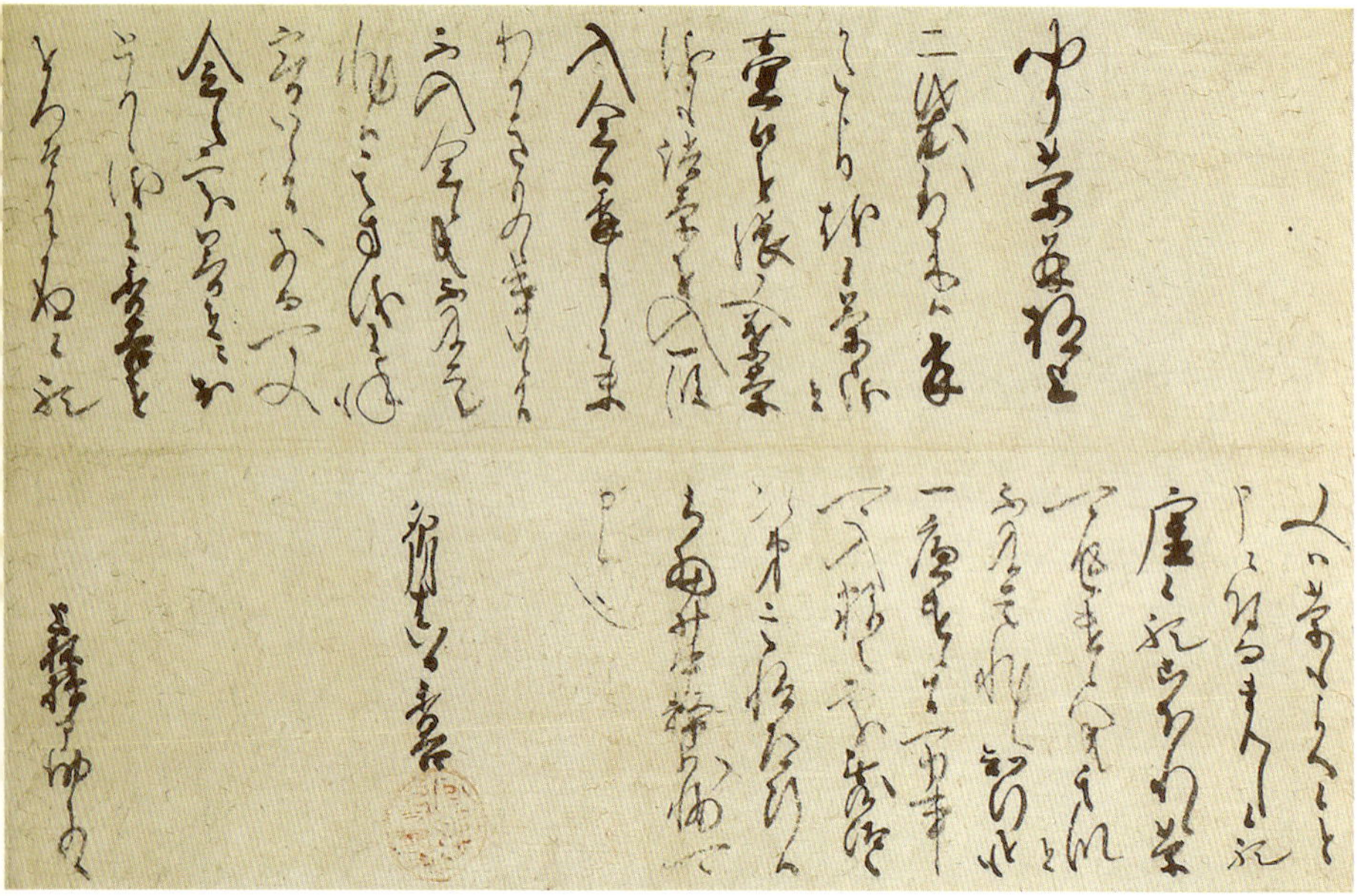

豊臣秀吉が上林久茂に宛てた朱印状（39頁参照）

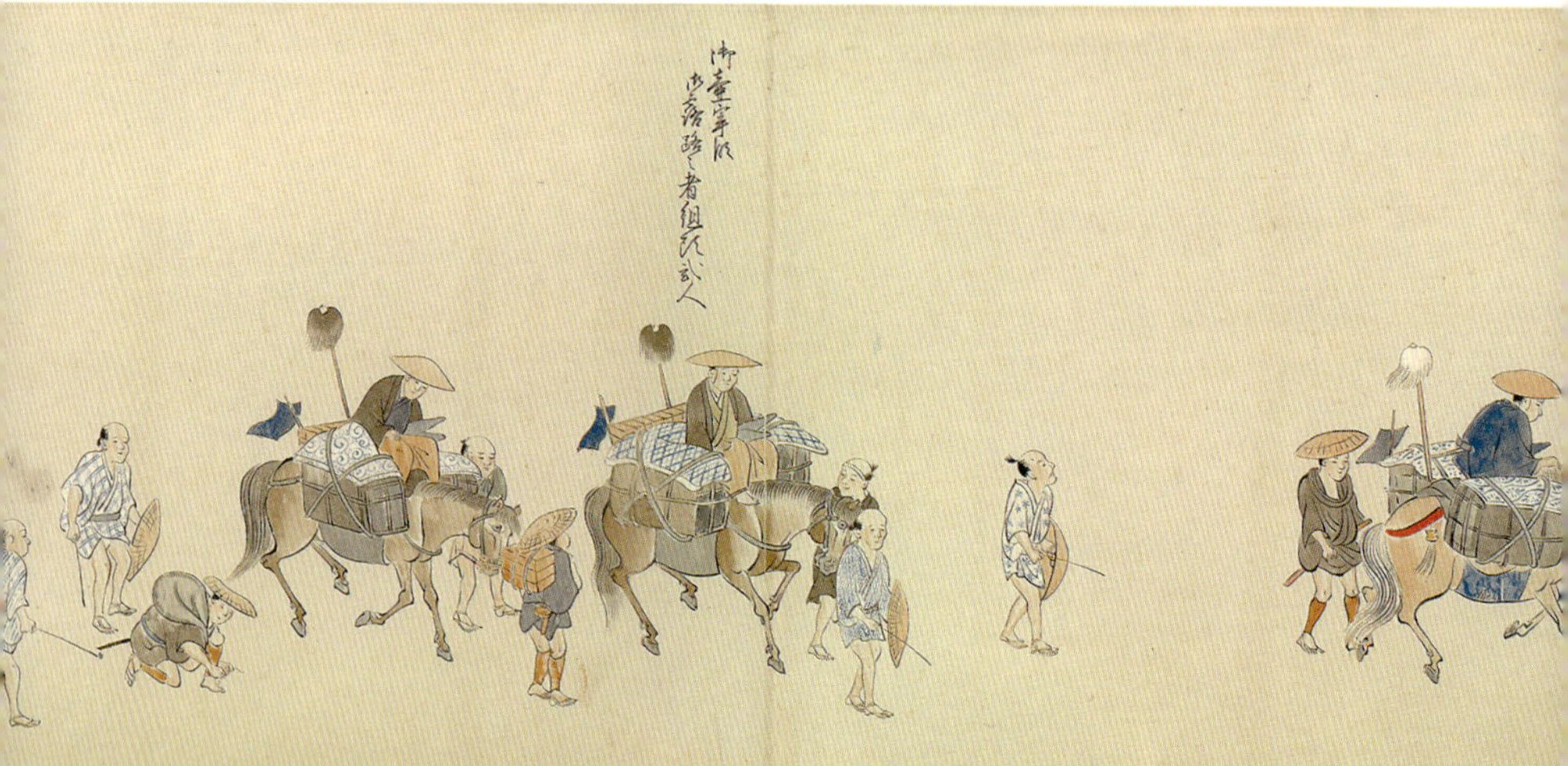

御壺宰領組頭のふたり

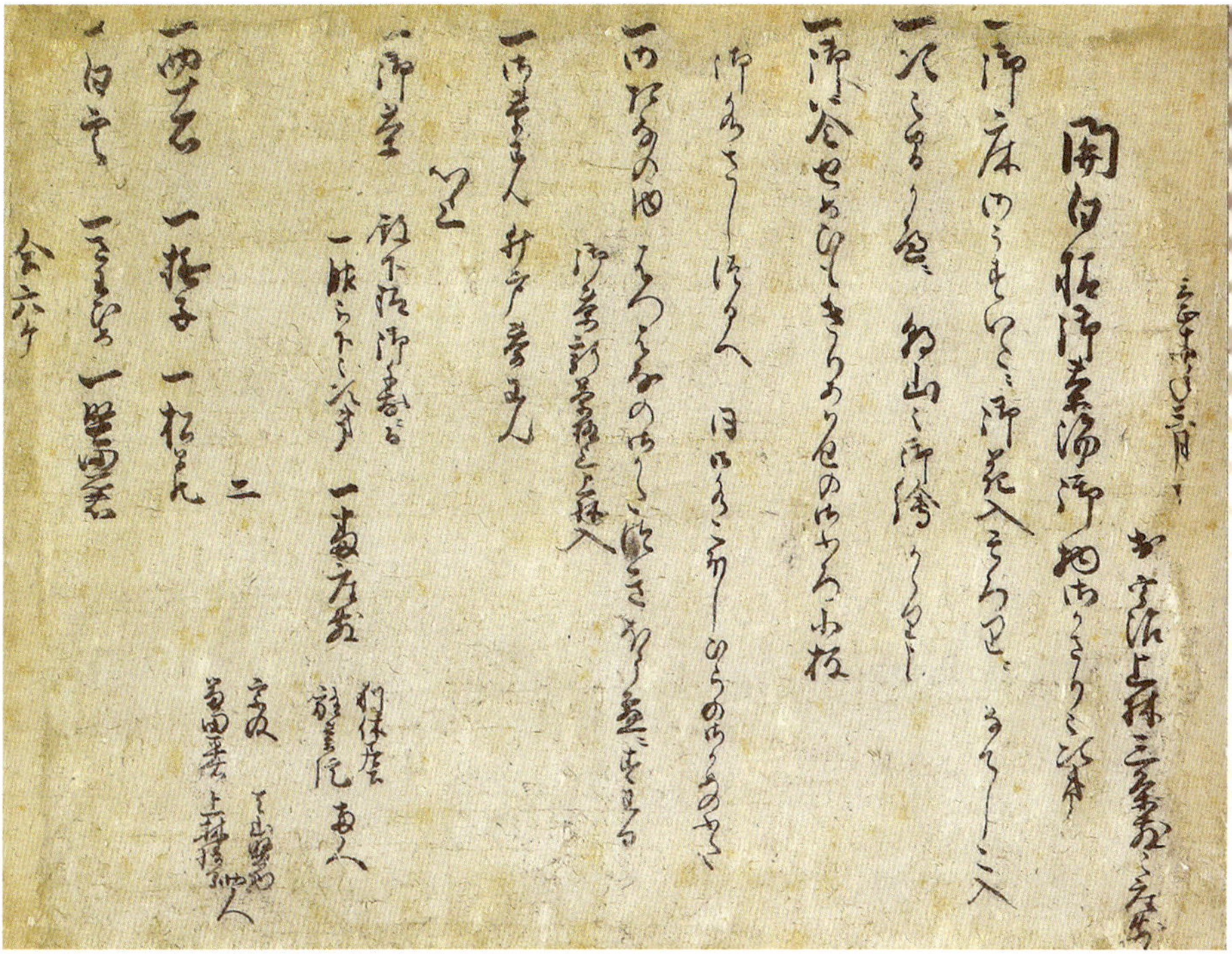

天正十四年三月、上林家の座敷で関白秀吉が点前をして催された会の茶会記（39頁参照）

阿波蜂須賀家によって建てられた茶室「松好庵」外観
（58頁参照）

2017年、茶庭が茶商家の庭園として初めて京都府指定文化財（記念物、名勝）となる。茶室・長屋門などの建物は、2009年「宇治の重要文化的景観」に選定され、2015年日本遺産として認定された「日本茶 800年の歴史散歩」に含まれる。

露 地

御茶道のふたり

宇治茶の沿革
～序にかえて～

御茶道頭

上林家の歴史は初代から現在に至るまで宇治茶と共にあった。上林一族の歴史をひもとくにあたって、常にその背景にあった「宇治茶」の沿革を簡単に述べておきたい。

現在、我が国で愛飲されている緑茶は、茶葉を蒸気で蒸す（湯蒸《ゆむ》し）製法で製茶されているもので、その源流は抹茶（碾茶《てんちゃ》）であった。これを中国から日本へ伝えたのは、日本臨済禅の開祖、栄西禅師（一一四一～一二一五）で、建久二年（一一九一）のことである。

栄西禅師は、宋代の中国から茶種を持ち帰り、肥後（熊本県）の背振山《せふりやま》にある千光寺に播《ま》いた。また、晩年の建暦元年（一二一一）に『喫茶養生記《きっさようじょうき》』を著《あらわ》し、茶の効能を説くとともに、その製法を詳しく記《しる》した。

この茶を京都の宇治へ伝えたのは、当時栄西禅師の禅に共鳴し交流のあった、栂尾《とがのお》高山寺の開祖、明恵《みょうえ》上人であった。明恵は栄西から茶の効能の話を聞き、茶種を譲り受けて自坊《じぼう》の庭に播き、後には栂尾村にも茶畑を広げた。

明恵は、栂尾の茶園で採取した茶種を、京都の仁和寺、醍醐寺、近江の政所《まんどころ》のほか、近隣各地にも播いたが、そのひとつに

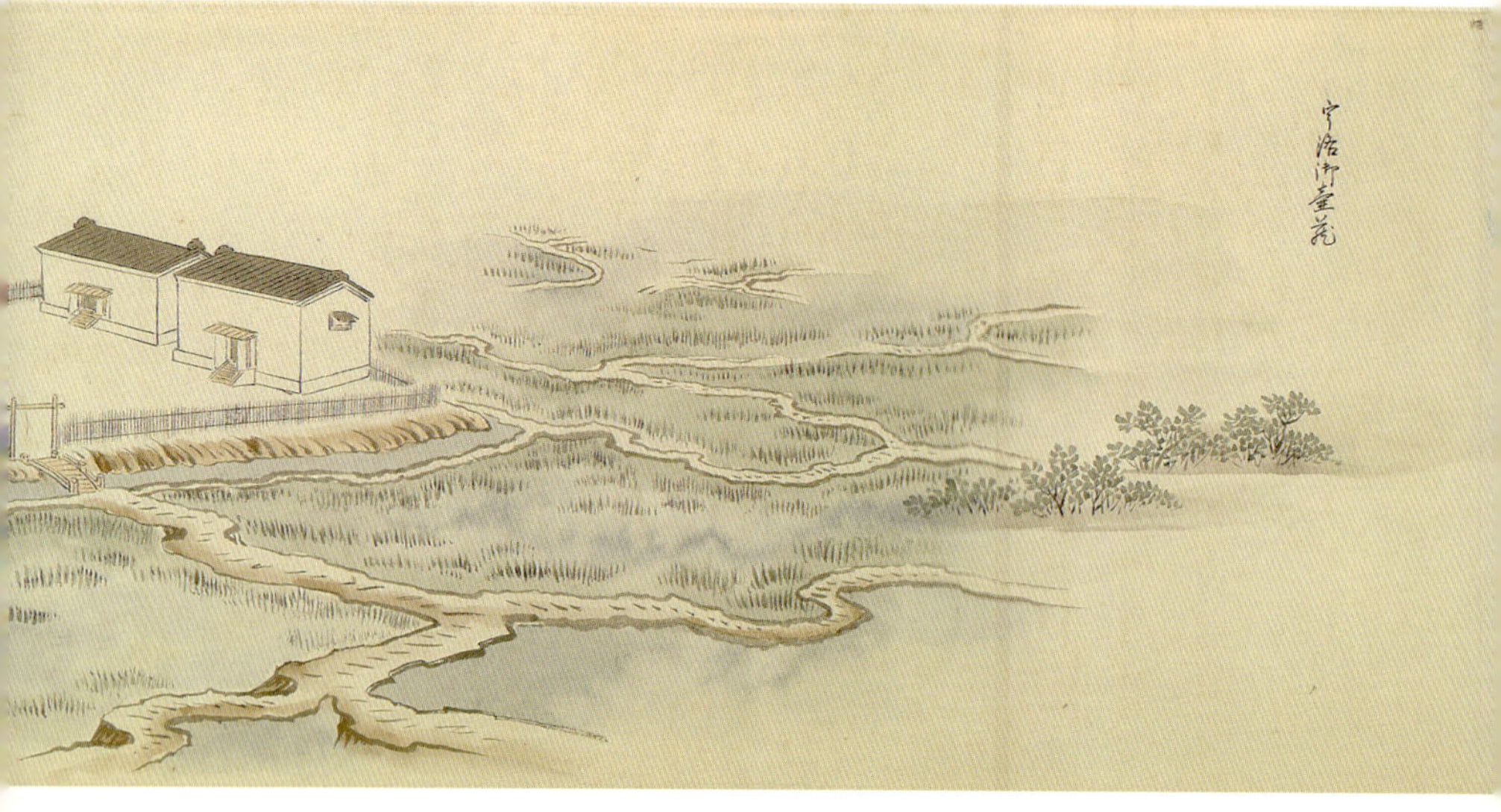

宇治御壺蔵（51頁地図参照）

宇治五ヶ庄があった。宇治における最初の茶畑である。しかし当時の鎌倉時代では、栂尾産の茶が本茶《ほんちゃ》であり、他地方の茶は非茶《ひちゃ》とされていた。南北朝時代に書かれた『異制庭訓往来《いせいていきんおうらい》』には、栂尾の茶を黄金と見立てれば、他所《よそ》のものは鉛か鉄屑のようなものであると記されている。

この宇治茶の名称がはじめて古文書に現れたのは、永和元年（一三七五）の書『遊学往来』で、宇治が茶の産地として記され、義堂周信《ぎどうしゅうしん》が室町幕府第二代将軍足利義詮《あしかがよしあきら》の正室渋川幸子《しぶかわこうし》から宇治の土産に宇茗《うみょう》を贈られたとある。また、寛正五年（一四六四）、一条兼良《かねら》の著と伝えられる『尺素《せきそ》往来』には、栂尾の茶が衰退し、宇治茶が近来賞翫《しょうがん》の茶となると述べられている。

この宇治産の茶を好み、宇治七茗園といわれる幕府のための七か所の茶園を開き、宇治茶の名を天下に広めたのは、室町三代将軍足利義満《よしみつ》であった。義満は金閣寺（鹿苑寺）を建立、茶の湯を政道の一部として盛んにした。それ以来、宇治は、安土桃山時代、江戸時代を通じて、時の将軍家および幕府御用の茶所として、また、天下一の茶の生産地として、その名を広める

宇治上林家において御茶詰めするところを見分している茶道頭

ことになる。

宇治の茶園では、将軍の用いる大切な茶の安定した品質や生産量を維持するためにさまざまな創意工夫が必要となり、その一つが現在に伝わる「覆下栽培《おおいしたさいばい》」に見られる。新暦の四月初旬に茶樹が新芽を出してから摘採期の四月下旬までの期間に、しばしば襲《おそ》う降霜《こうそう》から新芽を守るために、茶園全体を葦簀《よしず》と藁《わら》で覆い被害を防ぐ方法であり、室町時代にはすでにこの栽培法が確立されていたと思われる。また、香気《こうき》、味覚、色などの品質を安定して保持するため、気温の高い夏季のあいだ、壺に詰められた茶を京都北部に位置する標高約二千メートルの愛宕山《あたごやま》に運び保存したという記録もある。

安土桃山時代には、信長・秀吉が今井宗久・津田宗及・千利休を茶事をつかさどる茶頭《さどう》として抱え、政治の舞台で茶事を行うなど茶道を政道に位置づけたため、諸大名もこれに倣《なら》って茶道に造詣《ぞうけい》を深めるようになり、宇治茶の名声と需要が諸国に広まった。

江戸時代に入り、幕府が遠く江戸に移った後も、徳川家康は宇治茶を愛用し続けた。当初は採茶使《さいちゃし》を宇治へ遣《つか》わし茶を

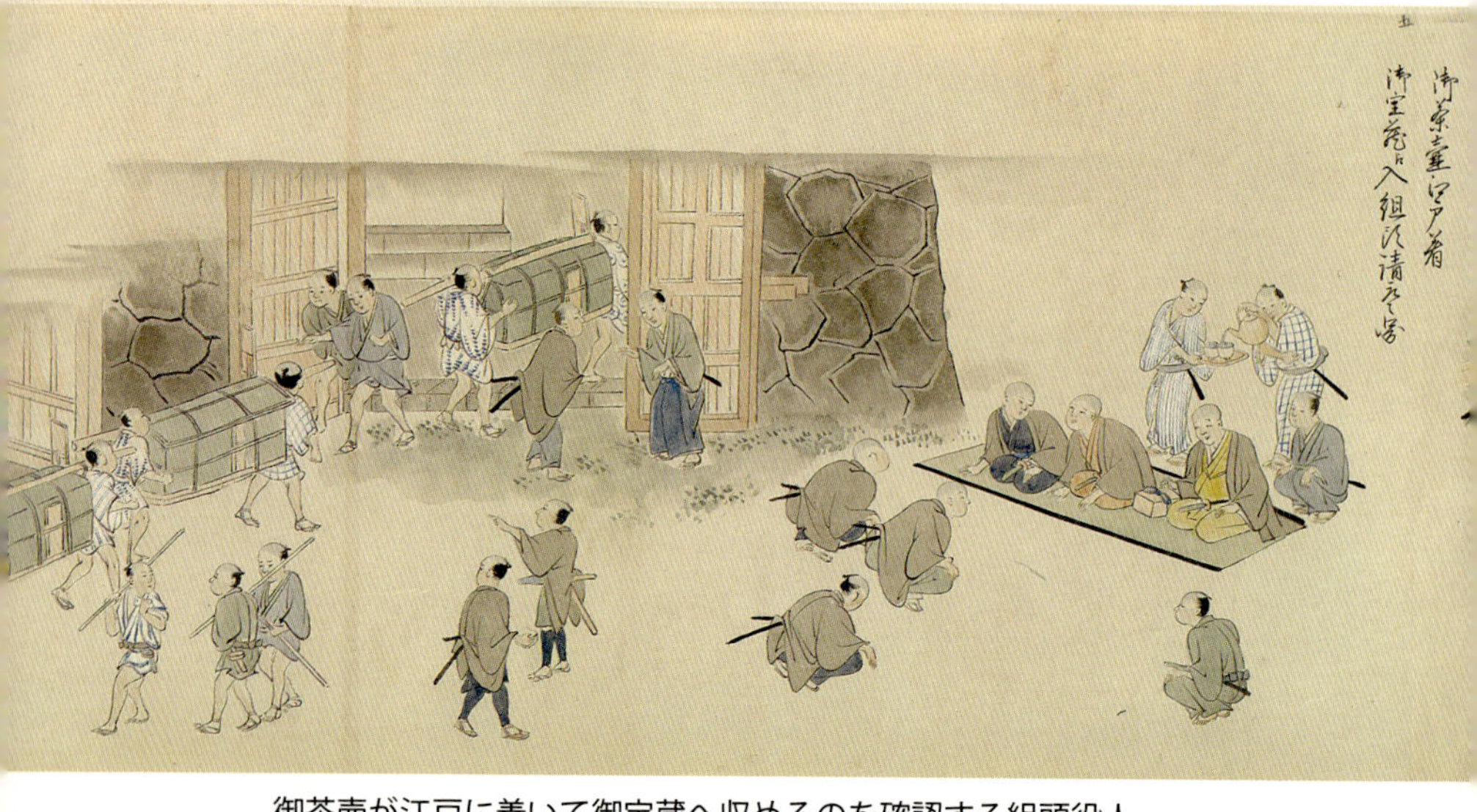

御茶壺が江戸に着いて御宝蔵へ収めるのを確認する組頭役人

取り寄せていたが、三代将軍家光は、御茶壺道中《おちゃつぼどうちゅう》という宇治と江戸を往復する豪勢な行列をもって宇治茶を江戸城へ運ばせた。これは、寛永十年（一六三三）に始まり、幕末の慶応三年（一八六七）まで中断することなく続けられた。

御茶壺道中に際して、幕府御用の茶の調製や壺詰めの役目を担う宇治御茶師《おちゃし》という制度が確立し、茶師を統括する役目の茶頭取《ちゃとうどり》を筆頭に、御物茶師《ごもつちゃし》、御袋茶師《おふくろちゃし》、御通茶師《おとおりちゃし》と、茶の納入先によって茶師を区別した。

茶師家は時代により出入はあったが、嘉永六年（一八五三）の記録では、茶頭取が二家、御物茶師が十一家、御袋茶師が九家、御通茶師が十三家を数えた。

明治に入ると、大政奉還《たいせいほうかん》によって茶師たちはそれまでの幕府や諸国大名の庇護《ひご》から離れ、存続の危機にみまわれることになる。茶業から離脱する茶師家も多かった。

一方、宇治では、元文三年（一七三八）に、現在の緑茶である湯蒸し製の煎茶が永谷宗円によって創製された。これはそれまで常用されていた煮製の茶（番茶）に比べ鮮度が高く、味・色沢・香気に優れた画期的な発明であり、たちまち宇治周辺の

上様用の水を運ぶ

上様用の水を漉して水瓶に溜める

茶産地で生産されるところとなった。また、天保年間（一八三〇〜一八四四）には、碾茶《てんちゃ》（抹茶用の葉茶）を生産していた覆下茶園の茶葉を煎茶風に揉《も》むことにより玉露がうまれ、この新製品をもって、幕府御用の茶師に代わって、それまで茶の生産に携わってきた人々が茶商として全国に販路を拓《ひら》いた。幸い宇治は天下一の茶所としてその名は全国に知れ渡っていたので、販路の開拓は容易であり、「宇治茶」は新しい時代を迎えることになるのである。

嘉永七年（一八五四）の開港によって貿易が始まり、日本茶がアメリカをはじめ各国に輸出されるようになり、宇治で開発された湯蒸製法（宇治茶製法）の茶が、日本の代表的な緑茶として全国の茶産地に普及することになった。現在も宇治は高級茶の産地としてその地位を保っている。

上様用の御茶碗などを吟味している御数寄屋組頭たち

宇治茶と上林一族　目次

朝夕上様の水を入れ替える

新時代への挑戦——温故知新

宇治・上林記念館

正月元日、御老中、若年寄、大目付などの幕閣に大福茶を振舞う

上林家の歳時記

お茶の話

資料『古代製茶図』

＊本書に掲載されている写真で、クレジットを明記していないものは、パブリックドメインあるいは上林春松家所蔵の資料である。

挨拶に来て大広間において観能する公家衆に呈茶する組頭

碾茶を石臼で挽いた抹茶

碾茶

碾茶の荒茶

喫茶と宇治茶の歴史

喫茶の歴史

達磨大師は、禅宗の布教のためインドから中国へ入り、洛陽の少林寺で、昼間は多くの人々に説教をし、夜は座禅の修行を日課としていたが、日夜の疲れで睡魔《すいま》に襲《おそ》われたとき、眠らないようにするために自分の瞼《まぶた》を切り捨てた。その後五年も眠らずに修行を続け、再び睡魔に襲われたが、近くにあった木の葉を噛《か》んでみるとたちまち睡気《ねむけ》が醒《さ》めた。この木がかつて切り捨てた大師の瞼が落ちたところに生えたものであり、それが茶樹であったと伝えられている。喫茶伝説のひとつである。

人と茶との関わりの歴史は古い。

唐代の茶書『茶経《ちゃきょう》』には、茶が飲料になったのは、中国古代神話上の帝王である神農《しんのう》に始まり、魯《ろ》の周公の時に知られるようになったとある。神農は野にあって毎日草木を口に含みその薬効を検見《けみ》したが、『神農本草経《しんのうほんぞうきょう》』には「神農百草を嘗《な》め日に七十二毒に遇《あ》う、茶を得てこれを解《と》く」（神農は、百の草を嘗めて一日に七十二の毒に遭遇したが、茶によってその毒を解いた）とあり、茶の持つ解毒《げどく》作用によって健康を保ったとされる。

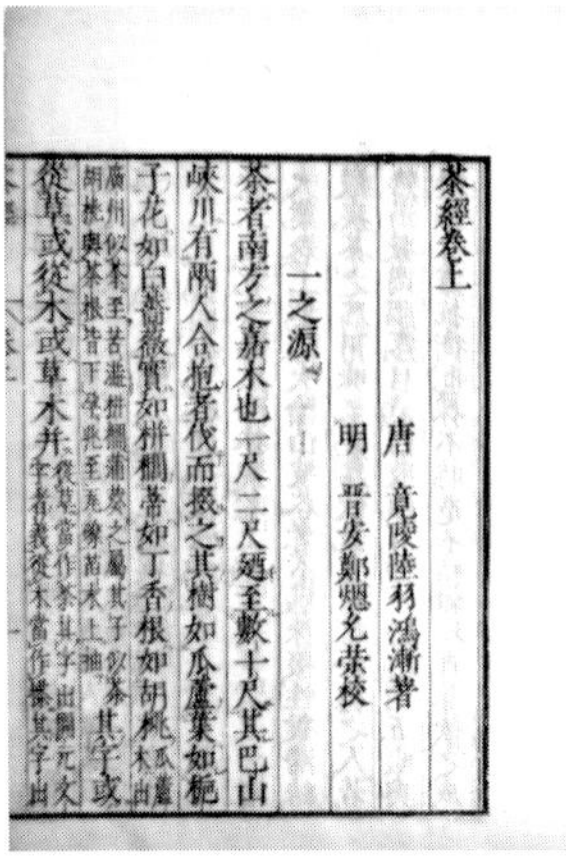
茶經卷上
唐　竟陵陸羽鴻漸著
明　晋安鄭熜允恭校
一之源
茶者南方之嘉木也一尺二尺迺至數十尺其巴山
峽川有兩人合抱者伐而掇之其樹如瓜蘆葉如梔
子花如白薔薇實如栟櫚蔕如丁香根如胡桃
從草或從木或草木并

「茶経 上」（宝暦八年序）

中国の古文書には喫茶についての記述が散見される。

今に伝わる最古のものは、前漢時代の紀元前七十年の書『僮約《どうやく》』で、雇い入れた使用人のするべき仕事を書き付けた契約書のなかに

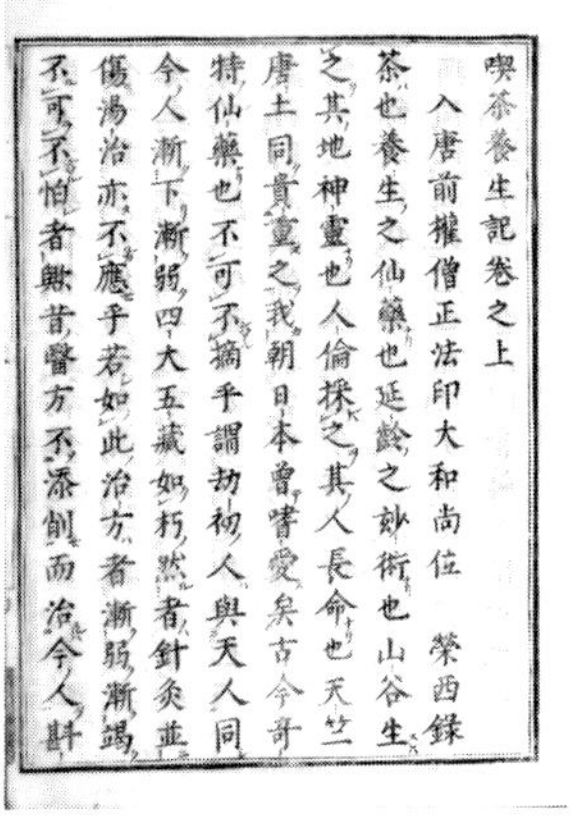
喫茶養生記巻之上
入唐前權僧正法印大和尚位　榮西録
茶也養生之仙藥也延齡之妙術也山谷生
之其地神靈也人倫採之其人長命也天竺
唐土同貴重之我朝日本曾嗜愛矣古今奇
特仙藥也不可不摘乎謂劫初人與天人同
今人漸下漸弱四大五藏如朽然者針灸並
傷湯治亦不應乎若如此治方者漸弱漸竭
不可不怕者歟昔醫方不添削而治今人斟

「喫茶養生記 全」（元禄七年）

「武陽で茶を買う」「茶を煮る」とあるもので、これが「茶」の記述の最古のものであるとされている。

『三国志』（三世紀末成立）の「呉書」韋曜伝に、呉の韋昭が酒が飲めず宴席で困っていたところ、君主の烏程侯が酒に似た色合いの茶を酒の代用として与えた、という挿話が見られる。

また、東晋《とうしん》の興《おこ》りを著《あらわ》した書『晋中興書《しんちゅうこうしょ》』（六五〇年頃成立）に、北方から来た貴族の謝安が、南方の名族の陸納を「茶果」（茶と木の実）で接待した記述が見られ、これが現在の「茶菓（茶菓子）」の語源となったとされる。

唐代には陸羽によって『茶経』が著《あらわ》される。この書は現在に伝わる最古の茶書で、現在の日本の緑茶の原点ともいえる書である。

我が国においても、古文書に茶についての記述がしばしば見られる。古いところでは、正倉院に残る天平六年（七三四）の文書『造仏所作物帳《ぞうぶつしょさくもつちょう》』に、「茶二千三百三十六把、一貫一百十二文」がある。また、天平十一年（七三九）の『写経司解文《しゃきょうしげぶみ》』にも「茶七把銭五文」と記されている。ただ、ともに「茶」の文字が「茶」と表示されており、また、数量単位が「把《わ》」と表記されているため、茶を指したものとは言えないとの説もあるが、五月頃に芽吹く茶の葉を保存するため、枝ごと束ねて乾燥したものを「杷《は》」と数えたのではないかとも思える。

また、『万葉集』に収められている詠《よ》み人知らずの一首「五更《アカトキ》のめざまし草《クサ》と此をだに見つつ坐しても吾を偲ばせ」にある日不酔草《めざましぐさ》が茶であるとの説もある。

我が国の喫茶の記述の初見は『日本後紀』（八四〇年成立）にある。近江国唐崎に赴《おもむ》いた嵯峨天皇が滋賀山中の崇福寺に立ち寄った際、大僧都永忠が手ずから茶を煎じて献じたと記されている。弘仁六年（八一五）夏四月二十二日のことである。

中国から日本へ茶を伝えた栄西禅師によって茶の効能、製法、喫茶法（抹茶）を詳しく説いた『喫茶養生記《きっさようじょうき》』が著されたのは承元五年（一二一一）である。この頃から現在の日本の緑茶の製法（湯蒸し製法）と喫茶（抹茶法）の風習が始まる。

『茶経』から『喫茶養生記』へ

現存する最古の茶書『茶経』は唐代の中国で陸羽が著し、上元元年（七六〇）～広徳二年（七六四）頃に刊行され、二十世紀初頭には All about Tea と題され英文に訳されている。

陸羽像（中国大唐貢茶院 陸羽閣）

「茶は南方の嘉木也」で始まる『茶経』は、「一之源」に始まり「十之図」に至る三巻十章よりなり、唐代までの茶の歴史、産地、効能、栽培、採取、製茶、飲用について詳細に述べてあり、なかには現在の日本の緑茶の原点になる記述が多く見られる。

「一之源」には、「茶」の字の初出が開元二十三年（七三五）に公布された「開元文字音義」に記されたものであることに触れている。『茶経』が識された時期に近い。

「二之具」には、茶摘みから製造に至るまでに用いる用具が列挙されており、そのなかには竹を編んで作られた、摘まれた茶芽を入れるための籠があり、それは我が国でも宇治の手摘みの茶園で用いられている。

「三之造」では、茶の製造工程が述べられており、そこには茶の葉を摘みそれを蒸気で蒸すとあり、この湯蒸し製法は現在の中国では稀少になったが、日本の緑茶は現在でもこの製法を用いている。ただ、『茶経』では蒸した茶葉を臼と杵でついて餅状の固形茶（餅茶《へいちゃ》）に仕上げるという記述がつづくが、我が国にはこの製法は伝わっていない。

「四之器」に記されている諸器の多くは、現在の我が国の茶室に見られる茶器である。湯を沸かすための風炉鍑《ふ》（釜）、炭を入れる筥《きょ》（炭取り）、火箸、茶を入れる棗《なつめ》、則《そく》（茶杓）、瓢《ひょう》（柄杓）、盌《わん》（茶碗）、水方（水指）等が見られ、中でも碾《てん》（木製の薬研《やげん》）は、当時の中国の茶葉を粉末（抹茶）にするための器具であり、日本では当初から茶を碾《ひ》くのに石臼を用いていたが、現在でも抹茶用の茶葉は碾茶《てんちゃ》と称されている。

「五之煮」では、茶を点てる前の炙《あぶ》り方、湯を沸かす時に用いる木炭の材料について、山水を最上とする水の吟味、湯加減、点て方を詳細に述べている。

栄西木像
（『京都茶業写真総覧』1924）

「六之飲」には、喫茶は、製薬・農耕の始祖とされる神農に始まり、魯《ろ》の周公によって有名になったこと、飲用の茶の種類、茶の点て方について述べられている。茶の種類では、散茶（葉茶）、末茶（抹茶）、餅茶（固形茶）の文字が見える。喫茶法は風炉に釜をかけ湯を沸かし、貯蔵してある固形茶を碾で粉末（抹茶）にし、棗に入れ、湯が沸くと釜に茶を入れ塩を加えて竹筴（箸）でかき廻して点て、点てた茶を茶碗に移して飲む、とある。

「七之事」には、茶の歴史的文献が列挙されている。

「八之出」では、著者である陸羽の時代の茶の産地について百か所に及ぶ茶産地の資料を詳しく述べている。

「九之略」では、「六之飲」での正式な飲茶法を省略し簡素化された喫茶法について述べている。

「十之図」では『茶経』の文章を白絹に書き茶席の隅に掛けておけば、『茶経』すべてを目の当たりに見ることができるとある。


栄西禅師によって日本に緑茶が伝えられたのは、唐の時代に著された『茶経』から四百年後、鎌倉時代の建久二年（一一九一）であった。栄西は十八歳で比叡山で禅の修行を受け、仁安二年（一一六七）に入宋し、禅宗を学び帰国、文治三年（一一八七）、再度入宋し、天台山で臨済禅を修行、建久二年に帰国した。鎌倉に寿福寺を建立、また、京都に建仁寺を建立し、臨済禅の普及をはかった。入宋の時、当時修行僧たちが飲用していた茶が人の健康のためにきわめて効能があることを知り、その種を求め、帰国後故郷の肥前国（熊本県）霊仙寺に蒔《ま》き、のちに背振山《せふりやま》に移植、その栽培と製茶、喫茶の普及に努めたとされる。

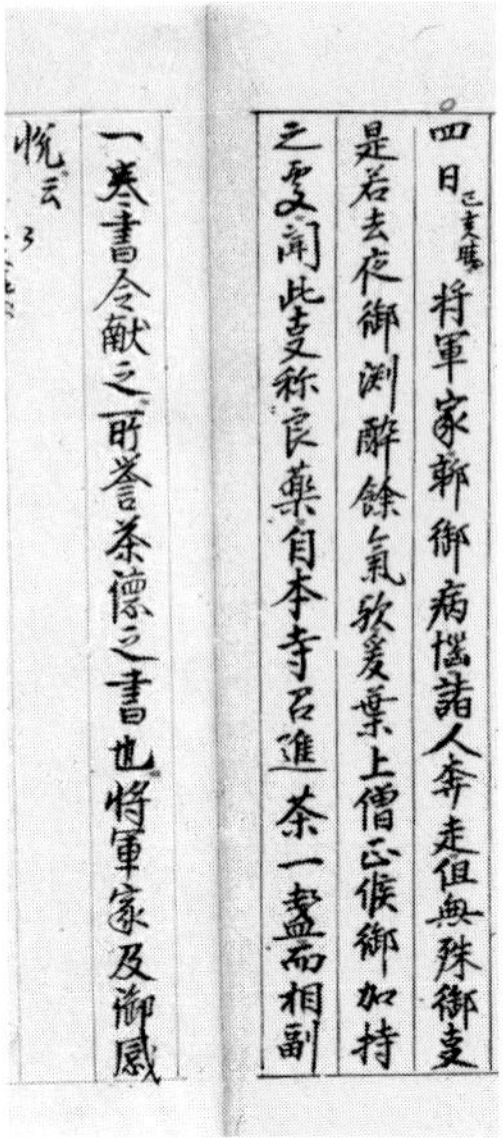

「吾妻鏡」
（建保二年二月四日の条・国立公文書館蔵）

この茶は嗜好《しこう》的な飲料としてではなく、医薬的なものとして考えられていた。承元五年（一二一一）、栄西禅師は『喫茶養生記』を著し、茶の人体に及ぼすさまざまな効能を説いた。我が国最初の茶書である。『吾妻鏡《あづまかがみ》』の建保二年（一二一四）の条に次のように記されている。

将軍家（実朝）聊《いささ》か御病悩。諸人奔走す、但し殊なる御事なく、是若《これもし》くは去んぬる夜、御淵酔《えんすい》の余気か。爰《ここ》に葉上僧正（栄西）御加持《かじ》に候するの処、此事《この》を聞き、良薬と称し、本寺より茶一盞《いっさん》を召し進ず。而《しか》して一巻の書を相副《そ》へ、之を献ぜ令《し》む。茶徳を誉むる所の書なり。

栄西禅師が将軍源実朝《さねとも》に茶を献じ、自著『喫茶養生記』を献上したことは、日本茶史上、有名な挿話である。

「茶は養生の仙薬《せんやく》也。延齢の妙薬《みょうやく》也。人倫《じんりん》之を採《と》れば其人長命也」で始まる『喫茶養生記』は、『茶経』をはじめ多くの中国の古典に記された茶の持つ薬的効能を伝えた。『喫茶養生記』は、「大国（中国）独り茶を喫す、故に心臓病無く亦長命也。我が国多く痩を病む人あり、是茶を喫せざる故なり」と説き、「酒を醒まし、人をして眠らざらしむ。小便を利し、枯渇《こかつ》を去り、宿食（便秘）を消す。頻《しき》りに茶を喫すれば即ち気力強盛なり」等々の効能を記し、最後に「庶幾《ねがわく》は末代の良医之を悉《つまびらか》にせよ」と結んでいる。ちなみに、『喫茶養生記』で述べられた茶の薬的効能は、現代の研究によってすべて正しいことが証明されている。

『喫茶養生記』は、こうした茶の効能だけではなく、製茶法についても詳しく記している。「茶を調うる様」と題して、

宋朝にて茶を焙《あぶ》る様を見るに、即ち朝に採《と》って即ち蒸《む》し、即ち之を焙る。懈倦怠慢の者はなすべからざる事なり。焙る棚には紙を敷く。紙の焦《こ》げざる様に火を誘い、工夫して之を焙る。緩《ゆる》めず、怠《おこた》らず、竟夜（終夜）眠らずして、夜の内に焙り畢《おわ》るべきなり。

この製茶法は、現在は機械化されているとはいえ、今に伝わる湯蒸し製法による宇治茶、抹茶用の碾茶の製茶法と基本的に変わりはない。

明恵上人と宇治茶

栄西禅師が中国からもたらした茶を、京とその近隣各地に広めたのは明恵《みょうえ》上人であった。明恵上人は都の北西、梅ヶ畑の山中、栂尾《とがのお》の高山寺に在《あ》り、建仁寺の栄西禅師の教えに共鳴して、しばしば栄西を訪れて禅の教えを請《こ》うた。そのとき茶の身体に及ぼす効能を教えられたが、栂尾の近辺には茶樹がないことを知り、栂尾村に植樹することを思い立ち、栄西から茶種を譲り受け自坊の庭に蒔《ま》いた。栄西が明恵に茶種を与えたときに入れていたと伝えられる「漢《あや》の柿べたの茶壺」と呼ぶ茶入が今も高山寺に遺されている。また、この茶園は日本最古の茶園とされ（最澄・空海が唐から種子を持ち帰ったのが最初とする説や、栄西が持ち帰った際に佐賀県背振山に蒔いたのが最初とする説もある）、現在も栽培されている。

明恵上人歌碑（駒の蹄影の園碑・宇治五ヶ庄万福寺門前・宇治市商工観光課）
「栂山の尾上の茶の木分け植えて迹ぞ生ふべし駒の足影」

明恵上人は自坊の茶樹が付けた茶種を近辺に蒔き、栂尾は茶産地として有名になった。さらに、京都周辺のみならず広範囲に栂尾の茶樹から採取した種を蒔き茶園の造成に努めた。仁和寺、醍醐、葉室、伊勢、駿河、武蔵など十か所以上に及んだ。

その一つに宇治の五ヶ庄が選ばれた。明恵は茶種を土地の百姓に蒔くように与えた。初めて見る種で蒔き方がわからず尋ねたところ、明恵はその畑に自分の馬を乗り入れ、その蹄《ひづめ》の跡に一粒ずつ蒔くように教えたので、その茶園は「駒《こま》の蹄影《あしかげ》の園《えん》」と名付けられ、茶園のなくなった今もその場所（五ヶ庄大和田）に石碑が残されている。こうして明恵上人によって開発された茶園であったが、当時は栂尾の茶が本茶で、他産地のものは非茶（茶にあらず）と称されていた。

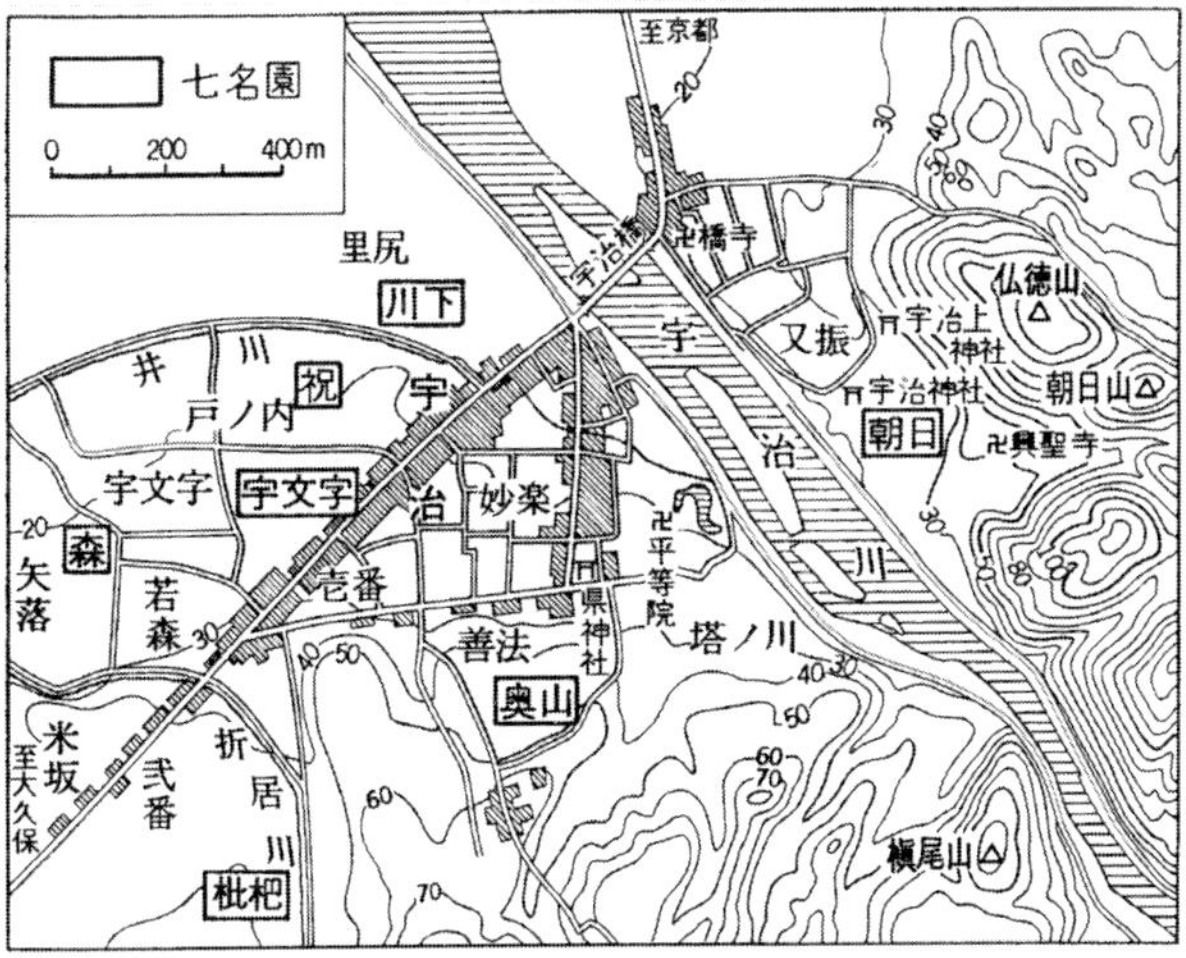

七茗園（『宇治市史』第３巻）

その宇治産の茶がはじめて文書に現れるのは永和元年（一三七五）に著された『遊学往来』で、そこには茶の産地として宇治・朝日山が紹介されており、この頃には宇治郷で広く茶園の造成が進められていたことが想像される。

また、建仁寺の僧義堂周信《ぎどうしゅうしん》が室町幕府第二代将軍足利義詮《あしかがよしあきら》の正室である渋川幸子《こうし》から「宇茗（宇治茶）」を贈られた、という記述も見られる。宇治は古くからの貴族の保養地であり、また遊覧地としても有名であったため、宇治産の茶が土産品として、また贈り物として利用されることによってその名が広まったのであろう。

この宇治茶を好み、幕府御用の茶所として認めたのは室町三代将軍足利義満《あしかがよしみつ》である。義満は、宇治に将軍家や有力大名御用の茶園を開く。森園六千坪、川下園三千坪、朝日園一万坪、祝園六百坪、奥山園四千坪、宇文字園八百坪、後に琵琶園が加わり、これが後世、宇治七茗園と称されるようになった。

寛正年間の一四六〇年頃、八代将軍義政《よしまさ》に召し出された村田珠光《じゅこう》によって茶道が確立され、幕府が政道《せいどう》として普及させたため、諸国の大名、武士、貴族、僧侶たちの間に定着してゆくと同時に茶（抹茶）の需要も拡大する。

加えて宇治郷は、宇治川畔の肥沃《ひよく》な土壌《どじょう》に恵まれ、また、京都、大和、近江、浪速《なにわ》に至る要路として交通の便がよかったため、産物の輸送にも地の利があった。寛正五年（一四六四）に著された書『尺素往来《せきそおうらい》』には、栂尾の茶が衰退し宇治茶が近来賞翫《しょうがん》の茶となるとの記述が見られ、室町時代には宇治茶が本茶としての地位を得ていた。

幕府、大名、貴族たちの庇護のもと、また、茶道の隆盛によって、宇治産の茶は天下一として賞賛されるようになったが、その宇治茶を支配する茶業家は、中世独特の土豪的性格、すなわち衆望と権力に加え、大きな資産・財力を兼備していなければならなかった。室町時代、宇治茶に関わっていた人々はおおむね次の系統にあった。

第一には、宇治・槇島の産土神《うぶすながみ》であった宇治離宮八幡宮（現在の宇治神社・宇治上神社）に奉仕する神官たちで、三室戸、大鳳寺にあった宮林氏、竹田氏、長茶氏等であった。

第二は、宇治の西方栗隅山《くりくまやま》の神明社（現在の神明神社）の祠官《しかん》たちであった。堀氏、酒田氏等がそれである。

第三の系統に属するのは、宇治の東南白川の里にある金色院を守る、白川別所十六坊の僧侶たちであった。十六の塔頭《たっちゅう》のなかで茶に関連した坊は辻坊、尾崎坊、蔵坊、東坊であった。

さらに、第四の系統として、鳳凰堂をはじめとする平等院の伽藍を、その住僧たちと共に代々維持・管理

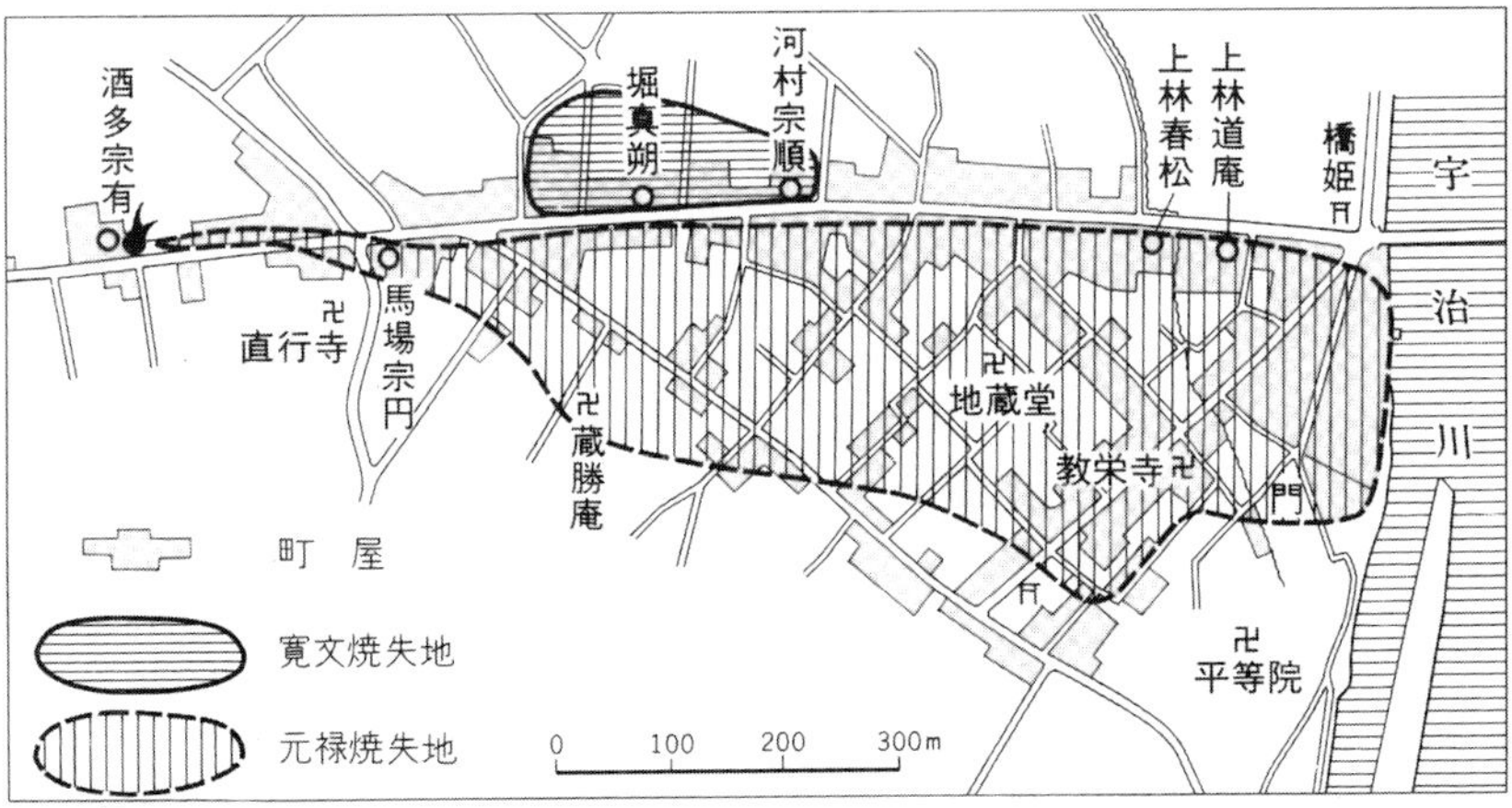

大火による類焼地（『緑茶の時代 ―― 宇治・黄檗の近世史』宇治市歴史資料館）

してきた十家余りの人たちで、のちの茶師、すなわち森、長井、吉村家等である。

茶の生産地として、肥沃な土壌に恵まれ、また、その生産流通に携わった茶師たちの貢献によって、足利義満の時代から二百年におよぶ室町時代、宇治は天下一の茶の産地として、その名声が守られた。

安土桃山時代の宇治茶

安土桃山時代は、豊臣秀吉が催した「北野大茶会」や千利休による侘び茶の成立などの出来事があり、現代に至る茶道の黎明期《れいめいき》であった。

しかし、その供給元の茶の生産地であった宇治の茶業についての記録は少ない。宇治は、寛文十年（一六七〇）三月と元禄十一年（一六九八）三月に大火に見舞われ、新町、橋本町、鷺の橋、桜町等宇治郷の中心部にあった茶師《ちゃし》の家二十三軒と、茶の生産に携わっていた多くの家が類焼し、これらの家に残されていた宇治茶および宇治茶師の諸記録の多くが焼失したと思われる。八代上林春松が襲名《しゅうめい》に際し、奉行所に提出した由緒記の四代春松までの履歴についての記述のあとに「右之段伝承仕罷在候得共、先年宇治大火之節類焼仕、諸書物焼失仕候故、留書無御座候」とあり、諸記録が焼失していたことが窺える。

当時、キリスト教の布教のため日本に滞在していた宣教師であり、通訳も務めたジョアン・ロドリゲスが著した『日本教会史』のなかの、宇治茶について述べられた記述に、安土桃山時代の宇治における茶業を垣間見ることができる。ちなみに、日本でのキリスト教の布教は、天文十八年（一五四九）ザビエルが鹿児島に到来したことに始まり、慶長十八年（一六一三）、徳川家康によって禁教令が布かれるまで約六十五年間続いた。ポルトガル人ジョアン・ロドリゲスは、布教師の通詞（通訳）として天正五年（一五七七）に十五歳で来日、後に宣教師となり、慶長十五年（一六一〇）まで三十三年間滞在、その間の日本での見聞録を、後任地のマカオにおいて『日本教会史』として著した。なかでも、宇治における茶についての記述には、製茶法、製茶場の規模、生産量、価格、保管法等にいたるまで、当時の宇治の茶業が詳細に述べられている。

宇治茶については、「貴人や教養のある人に珍重されるのは、上等の種類のものであって、（略）それを産出するのは国内の特定の土地であり、日本では都という首都から3レグア（一六・七㎞）離れた宇治という広邑（村）であって、そこから国中に提供される」、栽培法では、「製茶に供される新芽は、非常に柔らかく繊細で、極度に滑らかで、霜にあえばしぼみやすく害をこうむるので、宇治では、この茶が作られる茶園の上に棚を作り、葦《あし》か藁《わら》の蓆《むしろ》で全部を囲い、二月（旧暦）から新芽の出始める三月の末まで、霜の害をうけることのないようにする。霜害を封じるために多大の金額を費やす」とあり、今に伝わる宇治独特の覆下《おおいした》栽培法は、それまで小堀遠州の創案という説もあり、江戸時代に入ってから始められたとされていたが、この記述によって従来の説がくつがえされ、すでに安土桃山時代にこの栽培法が確立されていたことが証明された。製茶法については、以下のように記している。

飲用に供される茶の葉は、柔らかくて新しく、春、三月に芽生える最初のものである。その時期に、われわれが葡萄の実を収穫するように、無数の人々の手で採入れが行なわれる。その人々は摘むべき良くて新しい葉と、捨てるべき古くて良くない葉とを心得ている。*1

この葉を飲用に供するために調製する方法は、シナでも日本でも同じである。まず、新しい葉を摘み採ってから、水と酒とその他の混合物とで作った一定の漉し水の湯気の中でそれを蒸す。*2 すでに充分なほど柔らかくなっている時に、いくつかの木製の焜炉《こんろ》か竈《かまど》*3の類を用意しておくが、それは深い縁高盆《ふちだかぼん》とも大きな蓋《ふた》のない箱ともいえる形のもので、長さが八パルモ*4あまり、幅がその半分である。*5 それらの中には、篩にかけたたいへんきれいで細かい灰を入れ、その灰の中におきた炭火を入れるが、同じ灰を上にかぶせ、火勢を弱めて、とろびにし、ゆっくりと焙って焦がさないようにする。これらの竈の上に細竹の格子を作り、それもまた強い熱気を受けないようになっていて、それらの格子の上に、この場合に使うために作った一定の種類の厚い紙を蔽いとして置き、前に述べたようにして蒸した茶をその上に投げ込む。各々の竈に三人ずつ両側にいて、ゆっくりと焙《あぶ》ってゆく。（中略）

これらの焙炉はきわめて大きな部屋に置かれ、つぎつぎに開け放たれたいろいろの部屋に、百七十以上の焙炉を備えた家がある。そこには千人以上の人がいて茶を焙じるが、他にはわずかな人数のところもある。そしてこの広邑〔宇治〕には茶を作る主な頭領《とうりょう》〔茶師〕が十五人か二十人はいるであろう。そこには五、六千人以上の者が雇われて集まっており、ある者はその葉を摘んで焜炉のところへ集めるために働き、ある者は焙

る仕事に、またある者はその他の仕事に従う。（中略）

この茶が焙られた後に、他の人の手で葉をよりわけて、その等級、品位を区分する。通常、茶に四種類、四等級があって、精製の度合が違っている。第一のものは最上で、いちばんすぐれた最初の芽の茶であって、極上と呼ばれる。すなわち最高の茶という意である。それに次ぐ第二のものは別儀《べちぎ》、第三のものは極揃《ごくそそり》、第四のものは別儀揃《べちぎそそり》と呼ばれる。これ以下のさらに下等な茶に別の等級があるが、それは問題にされないし、珍重される部類に入らない。

この広邑（宇治）で作られて、（中略）ここから日本全国の貴人、金持、領主のために送り出される茶の量に関しては、一般に全部で三百ピコ[*6]の重量に及ぶであろうといわれる。[*7]（中略）茶壺が日本国中からその地に七、八千個も集まり、それらにそれぞれに三カテか四カテ[*8]入れて送られるからである。（中略）

茶の普通の価格は次の通りである。第一級の極は一カテ[*9]につき銀六テール[*10]で別儀は四テール、そして極揃は二テール、最後に別儀揃は一テールである。それら以下のものは五、四、三、二、さらに一マス[*11]のものまであるが、（中略）。

さて、このようにして、茶が調製され、精選されると、それを壺に全部つめ終わるまでつめてゆく。（中略）

壺の中に茶を入れる時には、まず、湿気を除くために、一定の温度で壺を内と外とから暖め、それが冷えないうちに、また内部では熱い清浄な空気がまだ湿気を伴わない良い状態にある時に、その中に茶を投じ、湿気のない軽い一種の木（桐）の蓋でその口を封じる。そしてたくさんの紙の覆《おお》いで、優美にその上を糊付けし、それに封印をし、茶を作った人の名を記す。その壺を、絹の紐のついた、たいへん上質で未加工の亜麻の真新しい袋に納める。それから軽くて湿気をひかない一定の木の箱に納め、それをさらに大きな別の箱に納めて口を閉じ封印をする。それらの壺は湿気が少なくて涼しいので有名な非常に高い一定の山々（愛宕山）に運ばれる。そこには坊主の修道院があり、彼らに壺を預ける。それらの壺は、寒さの訪れ始める十月すなわち〈陰暦の〉第九の月まで、茶を傷めもせず、また緑の色も失わないで、その場所で夏の暑さを過すために、涼しい場所に置かれる。その時期になると、定められた場所で、彼らの客人たちを新しい茶でもてなすために、その壺を取りにやらせる。（中略）そして壺を保管してくれた坊主には山の家の賃借料が支払われる。また、壺を山に送るかわりに、水のない井戸〈風穴〉を掘って、その場所の冷気が茶の味と色を保たせるように、箱に入れて宙に吊り下げる人もいる。

（ジョアン・ロドリゲス『日本教会史』上（大航海時代叢書Ⅸ、岩波書店、一九六七年）より）

〈註〉

＊1　現在でも宇治の覆下園では、人の手によって採取されている。

＊2　この記述にある水と酒とその他の混合物で茶葉を蒸した記録は我が国では見当たらない。

＊3　焙炉《ほいろ》を指している。

＊4　一八〇cm。

＊5　現在伝えられている焙炉とほぼ同じ寸法。

＊6　七二トン。

＊7　古地図によると、当時の宇治郷の集落は新町沿いに集まり、その周辺は茶園に囲まれていたことがわかる。元禄の大火では十町歩（約一〇ヘクタル）の茶園が焼失したとの記録がある。

＊8　七〜八kg。

＊9　二・四kg。

＊10　二八八g。

＊11　三・八八g。

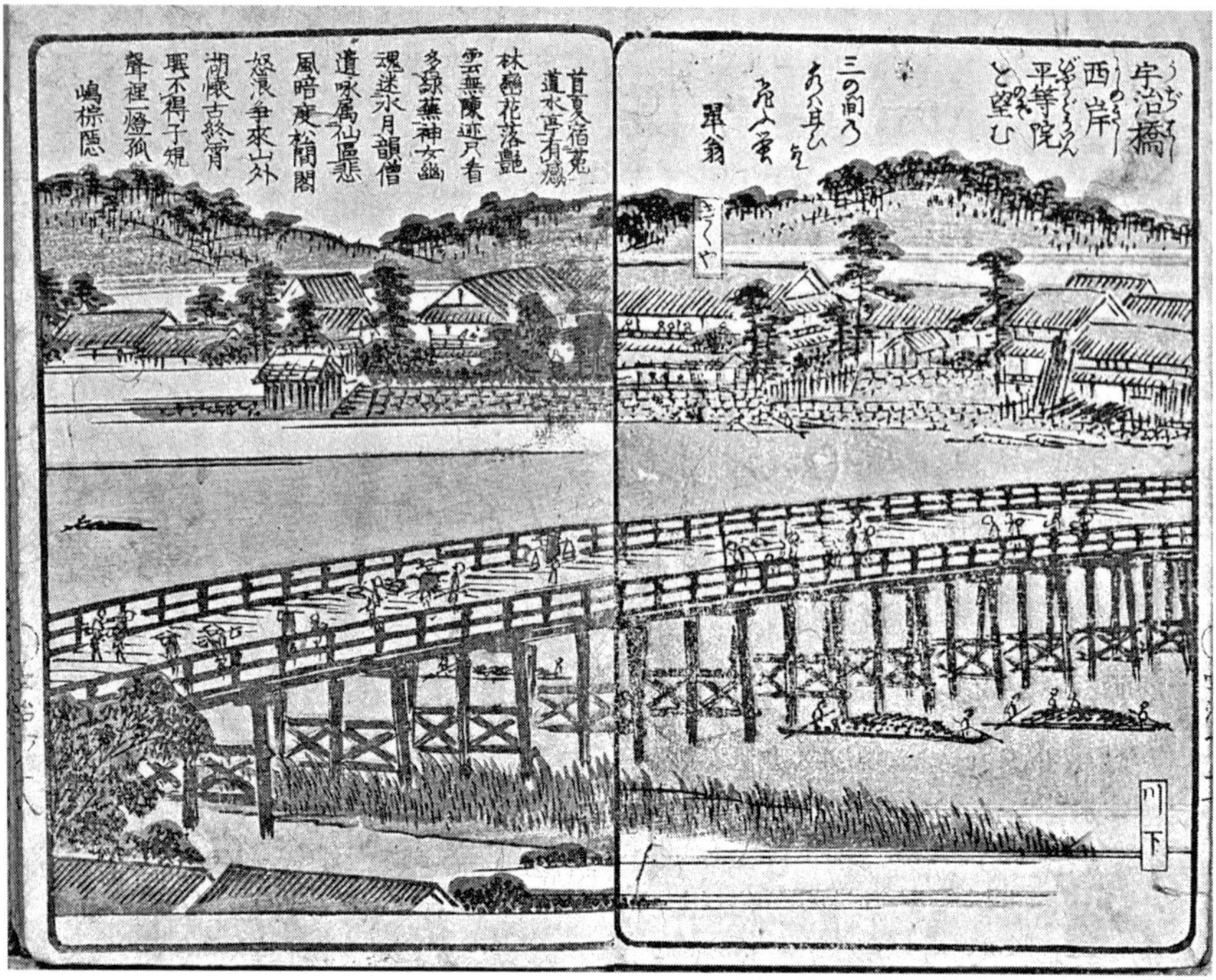

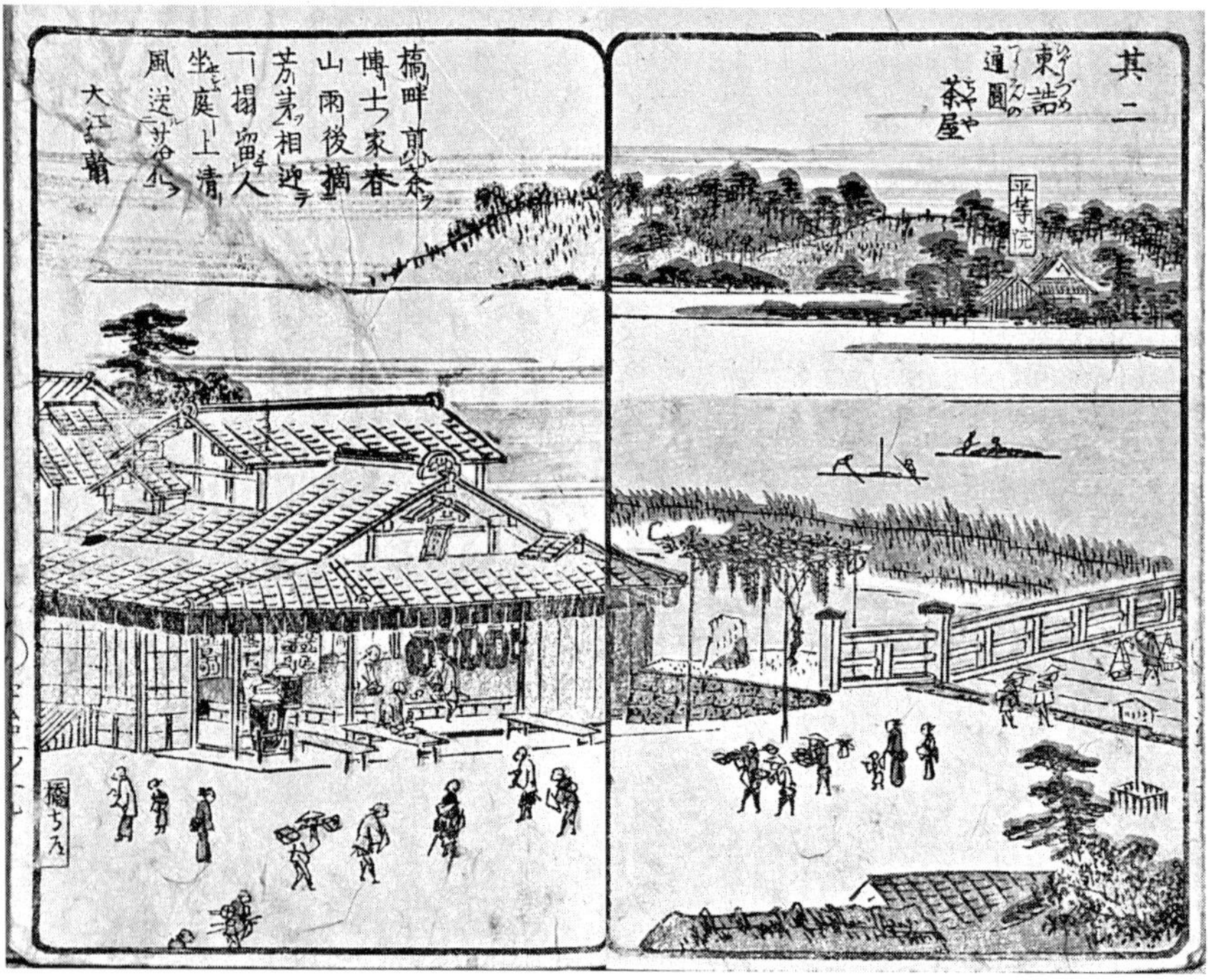

『宇治川両岸一覧』

天下人と上林一族——宇治御茶師

丹波上林庄と上林氏

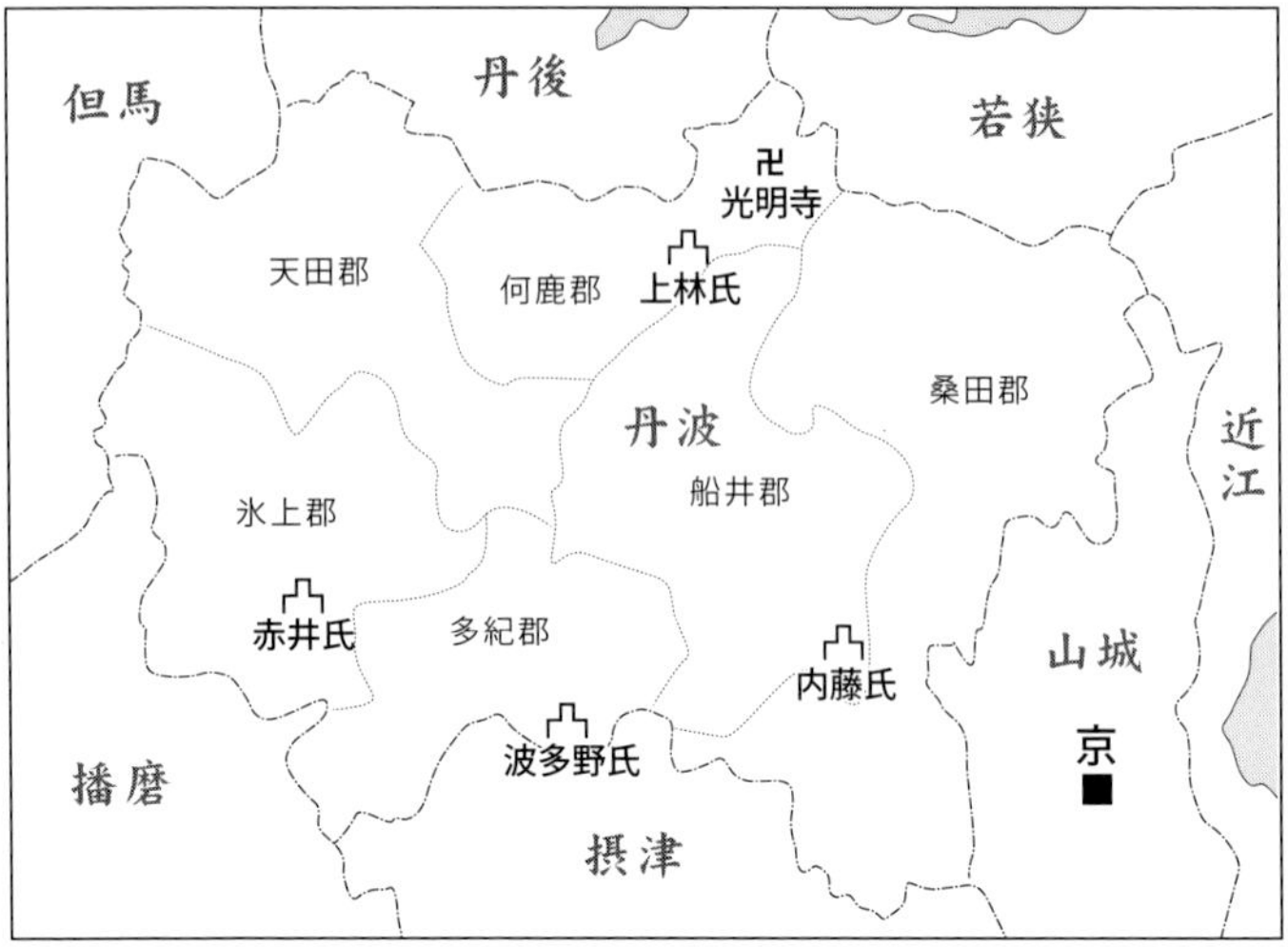

丹波国 国人地図（16世紀）
（『上林家の先人たち――丹波から宇治へ』〔上林いとこ会〕を基に作成）

上林氏の出自《しゅつじ》は丹波何鹿《いかるが》郡上林庄にある。上林庄は由良川の支流上林川流域にあり、丹波から丹後に通じる上林谷は七里におよぶ街道筋にある山紫水明の山村である。室町時代には山城相国寺の寺領や足利氏一門の仁木《にっき》氏の領であった。当時は奈良時代から続いた中央貴族による荘園支配にかわって郷村《ごうそん》の地域的な結束が強まり、総社《そうしゃ》と称される神社を核とした土地の土豪が惣村《そうそん》の名主《なぬし》・地侍《じざむらい》を支配下において地域権力を構築した。

当時上林谷には赤井氏、波々伯部《ほほかべ》氏、渡辺氏など有力な土豪が在地を支配していた。上林氏は清和源氏頼季《せいわげんじよりすえ》流赤井氏族とされる。赤井氏は氷上《ひかみ》郡の土豪で先祖基家が足利尊氏《たかうじ》に従い九州多々良浜《たたらはま》の合戦で功労があり、その子秀家が上林庄に居を定め上林を姓にしたと伝えられる。上林氏は、室町将軍家の跡目争いに端を発した応仁の乱（応仁元年）の頃にはその名がみられ、すでに上林庄において土豪としてその地位を築いていた。上林庄における上林氏は街道に上林城または生貫城とも称された居城を築き一帯を支配していた。これは若狭国境に位置する独立丘陵にあり、山城としては要塞《ようさい》堅固なものであった。

大永から永禄（一五二一〜七〇）にかけて丹波各地で土豪がその勢力を争い、相互が攻防する複雑な時代であり、この上林谷のある何鹿郡では、大永六年（一五二六）から七年にかけて上林氏と赤井氏の同族相克の争いが始まる。ことに大永七年には、上林谷の総社である君尾山光明寺が仁王門を残し全山が赤井氏によって焼き払われた。

この光明寺の再建が天文二年（一五三三）に始まる。この建立には上林一族が中心的な役割を果たした。光明寺に遺る「再建進奉加帳」には、上林新左衛門尉・参拾《（三十）》貫文《かんもん》、上林孫九郎・伍《（五）》貫文、上林伊豆守・弐拾《（二十）》貫文

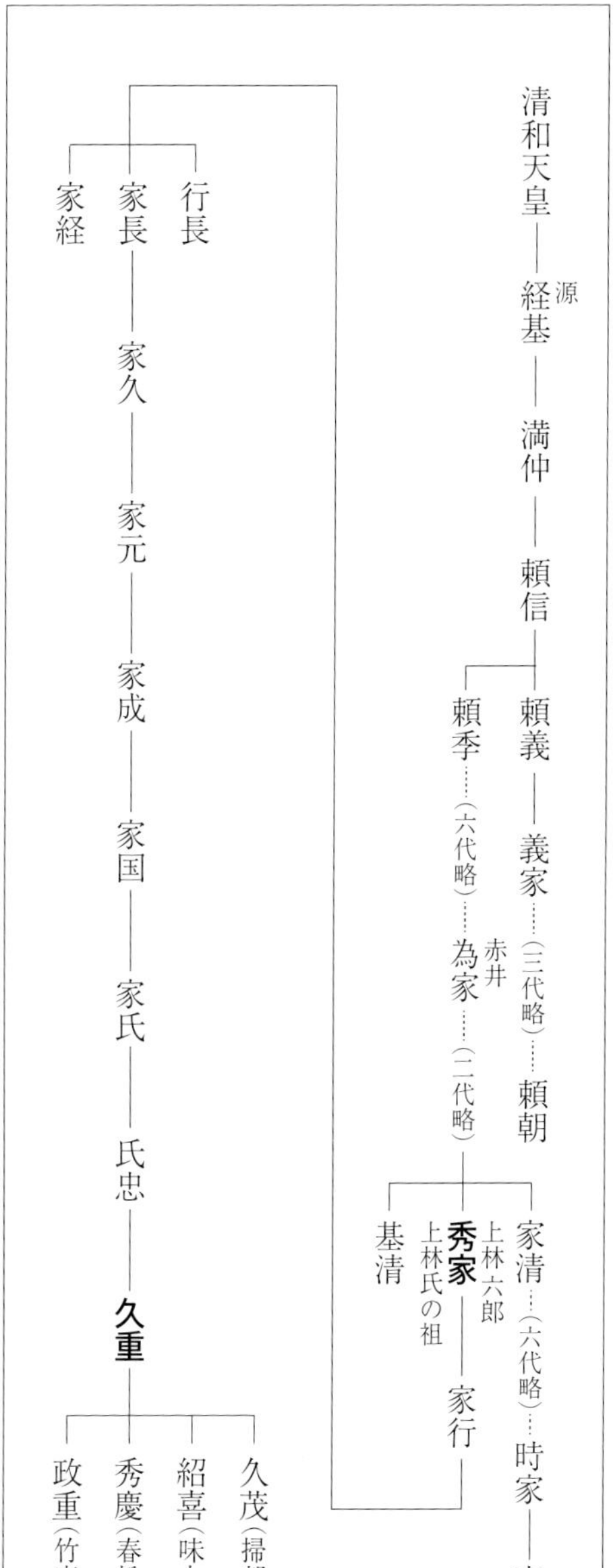
清和天皇
源
経基
満仲
頼信
頼義
義家
（三代略）
頼朝
頼季
（六代略）
赤井
為家
（二代略）
家清
（六代略）
時家
直正
上林六郎
秀家
上林氏の祖
家行
基清
行長
家長
家経
家久
家元
家成
家国
家氏
氏忠
久重
久茂（掃部丞）
紹喜（味卜）
秀慶（春松）
政重（竹庵）

上林氏系図

上林城址

など、十家を超える上林氏一族が銭や柱などの寄進に中心的な役割を果たし、配下の家臣や光明寺周辺の有力農民がこれに呼応して数々の寄進をしたことが窺える。再建には約六十年を要し、天正十九年（一五九一）十月に再建供養が行われている。

南北朝時代より土豪として上林谷を支配していた上林氏は、幾多の内乱に遭遇《そうぐう》しながらも室町時代には隆盛を保っていた。室町幕府の終焉《しゅうえん》を迎え、織田信長が畿内を中心に中央政権を目指した時代になる頃、上林一族は転機を迎える。

信長の重臣であった明智光秀による丹波攻略が始まる。元亀《げんき》三年（一五七二）、光秀の配下であった高田豊後守《ぶんごのかみ》による上林城の攻撃により敗退、上林一族は勢力を失うことになった。領地を織田方に明け渡した一族は、やがて徐々に上林谷から姿を消してゆくことになる。江戸時代になると、この谷には上林姓は全く見られなくなった。

丹波から宇治へ

時の上林氏の当主は上林久重《ひさしげ》（宗印《そういん》）であり、子息に長子掃部丞久茂《かもんのじょうひさもち》、次男紹喜《つぐよし》（味卜《みぼく》）、三男秀慶《ひでよし》（春松《しゅんしょう》）、四男政重《まさしげ》（竹庵《ちくあん》）がいた。また、丹波は古くから茶の生産地であり、上林一族も茶の生産に携わっていたと思われる。というのも、上林庄にありながら、茶産地である宇治との往来があった記録が残されているからである。

宇治における上林氏の初見は、大永四年（一五二四）の次の文書に見える。

永代売渡申茶園之事、合壱所者字カマカハサマ四至先本券アリ
右件茶園者両所ヲ両度に上林買得といえともよふ〳〵あるによって現銭三貫文に本文書四つうあひそえ堀与三衛門方へうり渡申所也、於此下地無無諸公事若於後日いむ人あらはたう人さいくわにおこなわるへき者也、仍後日状如件
大永四甲申十二月廿一日（花押）
（『宇治市史２』一九七四年）

このことからも、大永年間の一五二五年頃には、丹波上林庄にありながら宇治においてかなり広い茶園を所有し、茶園の経営者として宇治との関わりがあったことが判る。

こうして丹波を去らざるをえなくなった上林一族が宇治に至るまでには数年の放浪期間があり、久重と親睦があった北近江の浅井家との関係、また江州佐々木家との因縁があったことから、一時近江にあったとされている。上林久重親子が宇治に定着した年代は定《さだ》かではないが、天正元年（一五七三）に織田信長の命によって上林久重・久茂父子に槇島城管轄内における商人の交通・運輸、宿泊統制の権限が与えられたとの記録が見られ、永禄年間（一五五八〜七〇）にはすでに宇治に所在していたと推定される。

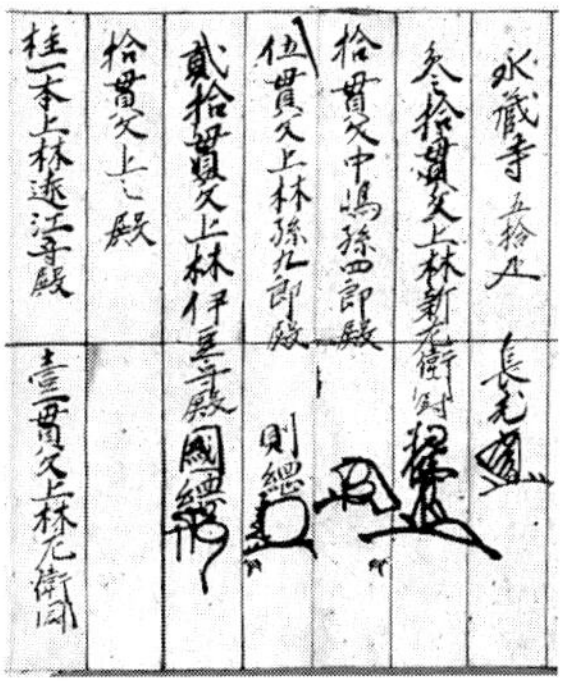
再建奉加帳（部分・天文２年）

当時の宇治は室町幕府御用の茶産地であり、また、幕府が茶道を政道としたため茶道は隆盛を保ち、そのための茶生産に携わる者が多くいた。中でも織田信長は室町時代以降勢力をもった森彦右衛門道意に三百石の俸禄を下し、宇治郷の茶業界の筆頭としての地位を与えていた。

久重の長子である久茂は織田信長に仕え、天正五年の信貴山《しぎさん》城攻めの際に道案内役を果たしたことにより信長に認められ、百五十石の知行《ちぎょう》を与えられ、茶の献進を命じられた。しかし、その頃の上林一族は、歴史ある宇治茶の世界では新参者であり、頭角を現すには至らなかった。その上林氏が台頭したのは、豊臣秀吉が天下を治めた時代からである。

豊臣秀吉像
（部分・南化玄興賛・高台寺蔵）

千利休像
（部分・宮帯文庫蔵）

豊臣秀吉・千利休と上林氏

秀吉が上林久茂に送った書状が遺されている（口絵参照）。室町時代からの有力な茶匠である森家を引き合いに出し、新参の上林家の茶の品質を認めながらも慢心を制し、温情と威厳をもって叱咤激励《しったげきれい》している消息である。織田信長に重用《ちょうよう》された森家に対する反発が、新参《しんざん》の上林家を取り立てる所以《ゆえん》になったのであろう。

　天正十二年（一五八四）、吉田兼見が宇治へ茶摘み見物に出かけ、上林の焙炉《ほいろ》場を見物した記録が、『兼見卿記《かねみきょうき》』に「初めてこれを見、驚目しおわんぬ」とあり、「上林所見物、火綺四十八在之、茶誘之者五百人斗可在之候。宇治一番之繁盛之由申了。次森所罷向、中々上林三分一之躰也、次山田入道宗好、予壺ヲ遣所也。云々」と記してい

上林久茂宛 豊臣秀吉 朱印状（口絵参照）

聞茶并極上、二袋到来候、森かたより越候茶之
儀者、壺口を張かへ、葉茶儀も詰茶を入、一段
入念候、森〔森道言〕事者未わかきもの、事候之間、不入
念候義、不及是非候、其方儀者、年も寄候之間、
別而可入念之処、若者ニおとり候儀者、秀吉を
をろそかに存候歟、又御茶もよく候と申ニ付
而まんし候歟、虐候歟、こほれ候茶可返遣候へ
共、其段者不及是非候、知行をも一廉遣候間、万
事可入精候処、無沙汰之次第、言語道断候、尚
細井〔細井政成〕中務少輔可申候也
　卯月十六日　秀吉（朱印）
　上林〔上林久茂〕掃部助殿

＊上林家から聞茶と極上が詰められた茶壺が届いた。森家から届けられた茶壺が丁寧に茶詰めされているのに対し、上林の茶壺が雑な詰め方であったので、知行も一廉の分を遣わしているのにと秀吉が怒り、ユーモアをにじませながら叱咤する内容。本能寺の変後、上林家は秀吉三百九十石を給され、それまで宇治で有力であった森家に替わって宇治の中心となった。本状は天正十八・九年頃と考えられる。細井政成は、秀吉の右筆。

豊臣秀吉茶会記（口絵参照）

天正十四年三月
於宇治上林三条（ママ）敷之座敷
関白様御茶湯御物かさり之次第
一、御床　御うすいたニ御花入そろりニなてしこ入
一、次之間　かへニ朝山之御絵か丶り申候
一、御釜　せめひもきりあはせの御ふろ、小板
　御水さし、つるへ、同御水こほ、ひらの御かめのふた
一、御たなの内　はつはなの御かたつき、ほう盆ニすわる、
　御茶、新茶、極上、上林入
一、御茶わん　井戸茶わん
　以上
一、御茶　殿下様、御手前ニ而
　一服被下候次第、一番座敷　利休居士　施薬院　両人
　二　宗及　富田平右　芝山監物　上林掃部　四人
一、四十石　一、撫子　一、松花
一、白雲　一、さわひめ　一、堅田壺
　合六ヶ

＊上林久茂の屋敷において、秀吉が自ら点前をして茶会をしたときの会記。上林久茂は掃部丞に叙せられ、天正十一年より宇治代官の地位にあり、知行四九〇石。芝山監物、富田一白はともに利休の茶の弟子。

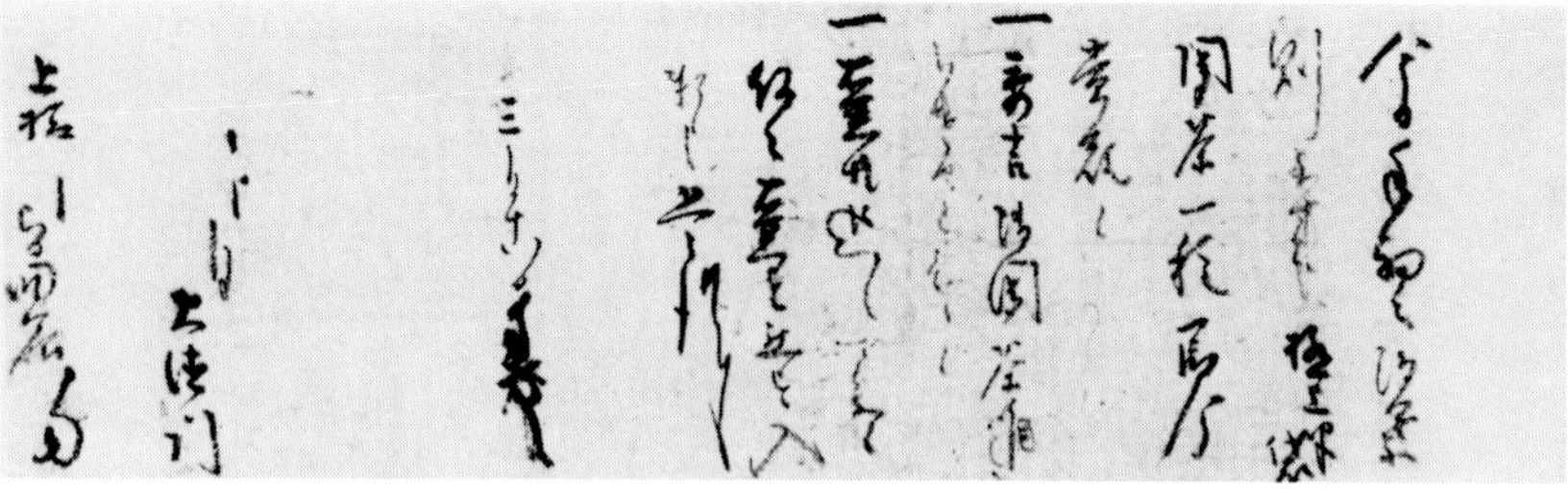

上林久茂宛 千利休 書状（三月十八日付、個人蔵・『利休の手紙』所収）

今日手初之御葉則到来、極上半袋、聞茶一種、即今賞翫候、
一、秀吉御聞茶、唯今被遣候由、尤候々々、
一、壺共、追々可参候、何々壺を愍を入頼申候、恐々謹言
三月十八日易（花押）
自大徳門
〔上林久茂〕
上掃　まいる回答　易

＊上林が今年最初に摘んだ極上半袋と聞茶一種を利休の許に届けたのに対する礼状。上林が秀吉に聞茶を届けたことにも触れ、また、詰茶を所望している。

る。この記述からも、すでにこの時代には、宇治においては有力な茶匠であったことが窺える。

天正十五年（一五八七）十月、秀吉によって京都北野天満宮で催された茶会、北野大茶湯で上林の「極上」が用いられた（「北野大茶会記」『茶道古典全集』第六巻）。天正十七年の秀吉の朱印状「宇治目録之事」に、「上林御扶持弐百四十石」とあり、この頃から宇治茶業における上林氏の地位が優位に立った。その後、森家は「茶の間違い」を理由に突然その知行を召し上げられ、地位を失うことになる。

また、秀吉の茶頭であった千利休とも上林家は浅からぬ交流があった。利休が諸大名を伴って宇治の上林のもとを訪れたとき、迎えた上林の亭主が呈茶でもてなす際、晴れがましさのあまりに緊張して失態を繰り返した。これを笑う大名衆に利休が「これこそ心のこもった日本一の点前」と賞賛したという逸話が『喫茶余録』に見られ、利休と上林家に特別の共感が通っていたことが垣間見られる。

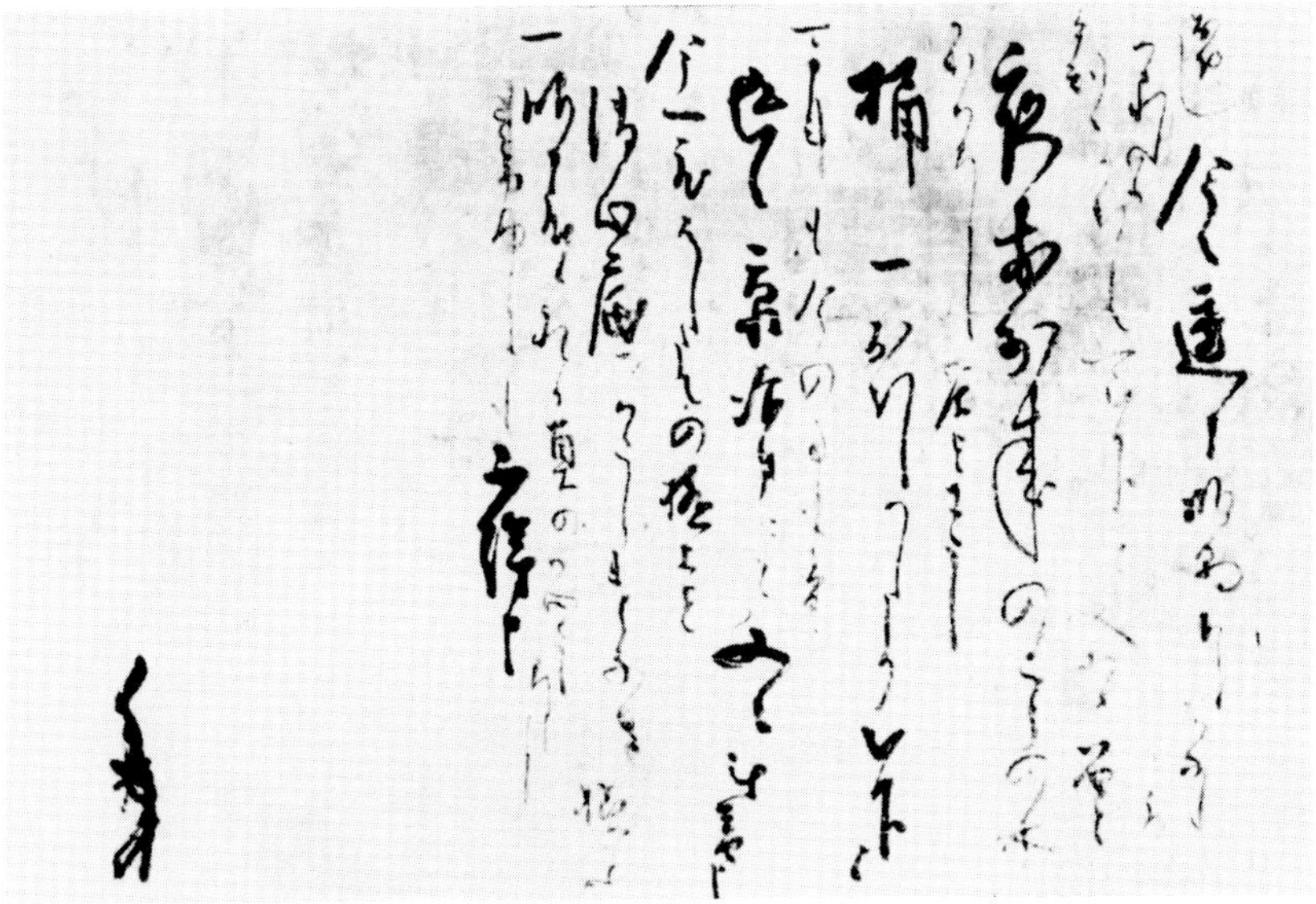

千利休 書状（天正十九年閏正月末ヵ、宛名不明・個人蔵・『利休の手紙』所収）

今に透候、明朝下候て、はなし申度候、おほしめ
され候ても、午刻ニ御出候て可被下候、又あさは
やに御出あるへく候、茶をさたし可申事も今の事
に候間、今一度、はしたての極上を一服申度候、
これか真の心さしにて候、かしく
夜前到来、のこりの水桶一、おほしめしより被下候、
返々忝次第ニ候、又々、無音申候、御心底かたしけな
き様をハ、書中にも不得申候、

易（花押）

＊利休が秀吉の命で堺に追放される間際の書状。晩にかねての水桶一つ、御心に掛けていただき、到来しました。まことにありがとうございます。それに又、ご無沙汰しており、あなた様のご厚志に対して、御礼の言葉もありません。私も近々手隙になります。明朝下向して話したく存じます。お出で下さるならば正午にお出でください。いや、朝早くお出で下さい。茶の湯をするのも、今だけのことと思われますので、もう一度、橋立の茶壺に詰めた極上を一服振る舞いたく存じます。これが、まことの願いです、という文面である。

＊「橋立」は、利休秘蔵の名物茶壺。天正十九年二月四日、秀吉の命によって大徳寺聚光院に預けざるを得なくなった。おそらく本状は、その秀吉からの命を受けた直後の手紙であろう。橋立の茶壺への愛惜の念が思わずほとばしっている。

天正十四年三月、宇治の上林久茂の屋敷の座敷において、豊臣秀吉が自ら点前をし、千利休・施薬院《やくいん》全宗・津田宗及・芝山監物《けんもつ》・富田一白（平右衛門）・上林久茂を客とする茶会の会記が遺されている（口絵参照）。また、利休が久茂（掃部丞）に宛てた書状は、初摘みの新茶極上半袋（十匁《もんめ》）と試飲の茶（聞茶）を受け取り賞翫《しょうがん》したことを伝え、また秀吉にも試飲の茶を送ったという久茂の報告も了解、いくつかの壺を届けるので念入りに詰茶を依頼する内容である（40頁参照）。利休が当時の茶人へ宛てた消息にも上林の名がしばしば見られる。特に久茂の息、峯順家二代・勝永が利休の養女を妻に迎えたことにより、姻戚関係にもなった。

利休が天正十九年（一五九一）秀吉の命によって橋立茶壺を大徳寺に預けることになった際の「今生の限りとして上林の極上を一服申したい」との書状があり（41頁参照）、上林の茶を愛好していたことと共に利休居士と上林家の関係の深さが偲ばれる。

秀吉の引き立て、千利休との様々な交流にともない、安土桃山時代の後期には宇治茶業界において上林一族は確固たる地位を占めることになる。

徳川家康と上林一族

天正十年の本能寺の変が起こった際、堺の町にあった徳川家康は間道を縫って居城である三河に帰国す

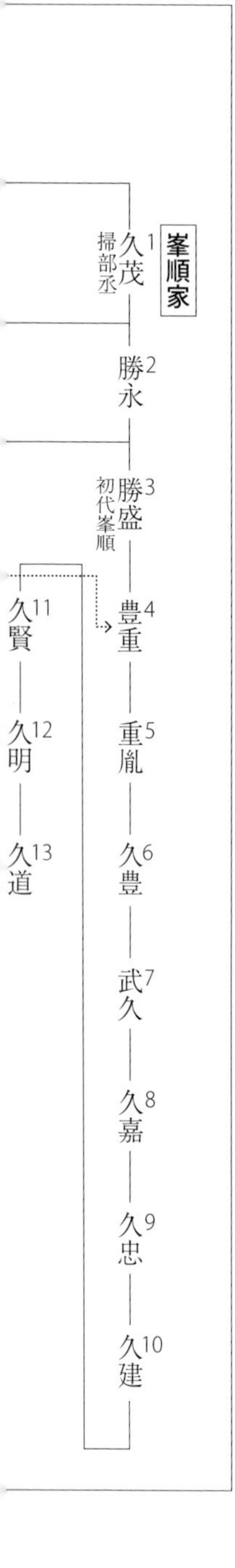

峯順家
1 久茂 掃部丞
2 勝永
3 勝盛 初代峯順
4 豊重
5 重胤
6 久豊
7 武久
8 久嘉
9 久忠
10 久建
11 久賢
12 久明
13 久道

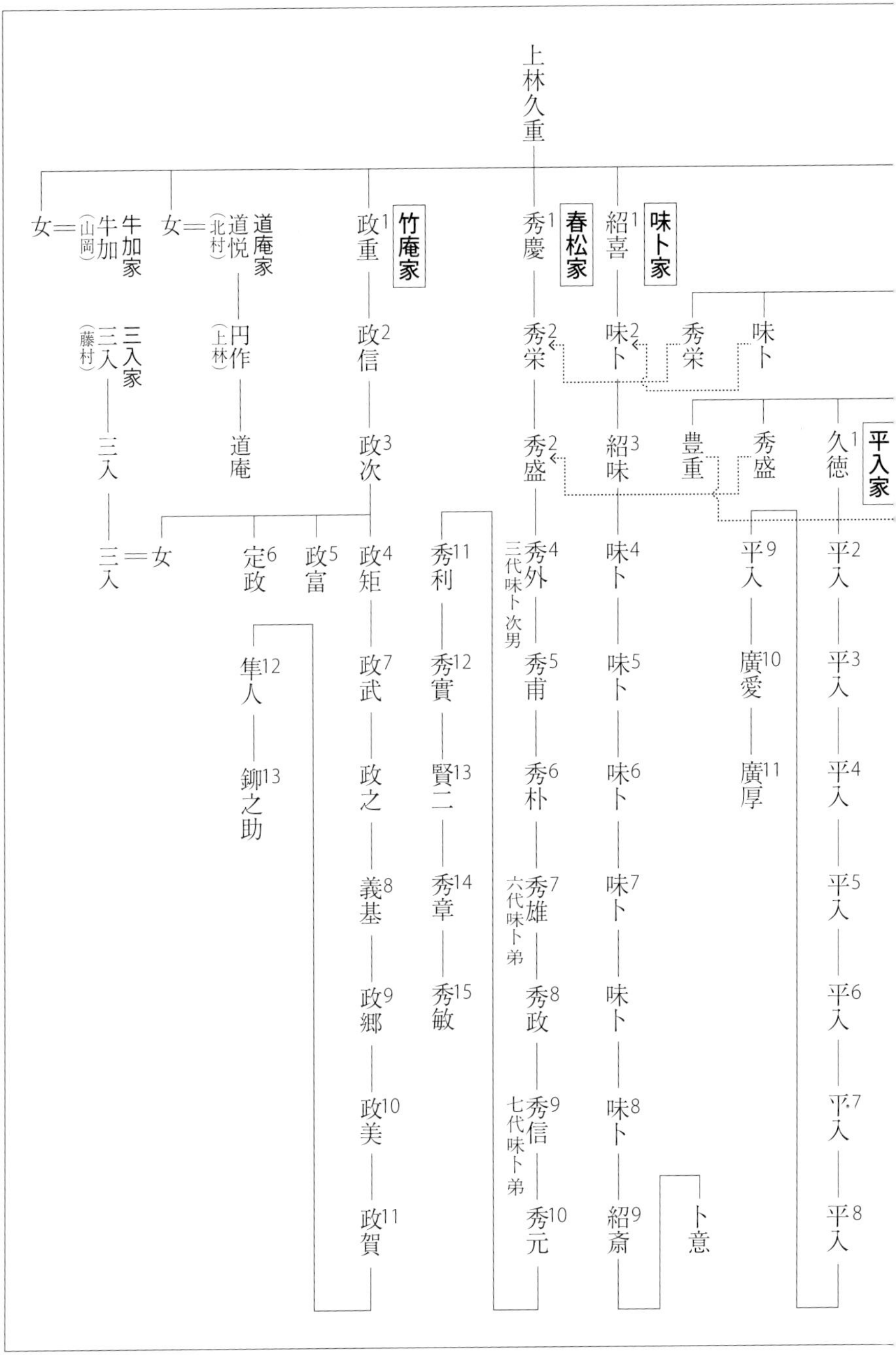
上林久重
竹庵家
春松家
味卜家
平入家
牛加家
道庵家
三入家
女＝牛加（山岡）
女＝道悦（北村）
円作（上林）
道庵
三入（藤村）
三入
三入＝女
政重1
政信2
政次3
政矩4
政富5
定政6
政武7
政之
義基8
政郷9
政美10
政賀11
隼人12
鉚之助13
秀利11
秀實12
賢二13
秀章14
秀敏15
秀慶1
秀栄2
秀盛2
秀外4
三代味卜次男
秀甫5
秀朴6
秀雄7
六代味卜弟
秀政8
秀信9
七代味卜弟
秀元10
紹喜1
味卜2
紹味3
味卜4
味卜5
味卜6
味卜7
味卜
味卜8
紹斎9
卜意
秀栄
味卜
豊重
秀盛
平入9
廣愛10
廣厚11
久徳1
平入2
平入3
平入4
平入5
平入6
平入7
平入8

上林一族系図

上林竹庵坐像

上林一族御用一覧
（文化年間〔一八〇四〜一八一七〕・『宇治記』より）

御代官御茶御用方	上林峯順
御茶御用方	上林竹庵
御物茶師	上林味卜、上林春松、上林平入、上林三入
御袋茶師	上林牛加、上林道庵

上林一族の住所一覧
（貞享二年〔一六八五〕・『京羽二重』より）

上林峯順	宇治橋筋
上林竹庵	宇治橋筋
上林味卜	橋詰

上林平入	橋詰裏側
上林春松	竹庵向かい
上林三入	橋筋

るが、その一行を木津川の渡しまで同志を伴い赤布を袖印として出迎えた上林久茂が、山中の間道をたどって近江信楽の多羅尾氏のもとまで送った。家康に尽くしたこの上林久茂の功を賞して、近江蒲生郡糖塚村において百石の知行を与えた。この糖塚村の所領は幕末まで上林峯順家が世襲した。上林家が徳川家と代々繋がりを持つようになった端緒はこの功績であった。

上林久重、久茂のさまざまな功績により宇治茶匠として台頭した上林家は、さらにその地位を維持するため、久茂の三人の弟と隠居した久茂がそれぞれ分家して茶匠として一家を興し、上林五家を形成してゆく。

上林久重家は、丹波上林庄にあり、土豪として先祖より足利将軍に仕えて茶の生産にも携わる。久重は、北近江を支配する浅井久政、長政に属していたが、浅井氏は織田信長との戦いに敗れ、天正元年（一五七三）に滅亡、そのため上林家は丹波を離れざるを得なくなり、久重は嫡子と共に出奔、近江を流浪し、宇治に至り茶業により生計を立てる。豊臣秀吉に仕え茶匠として重用された。

上林久茂（峯順《ほうじゅん》家）：久重の長子、父と共に宇治において製茶に従事する。天正五年（一五七七）、信貴山で信長に反旗をひるがえした松永久秀を攻める織田軍を道案内した功により、信長から五百石と白金五十両

徳川家康像
（部分・伝狩野探幽画・大阪城天守閣蔵）

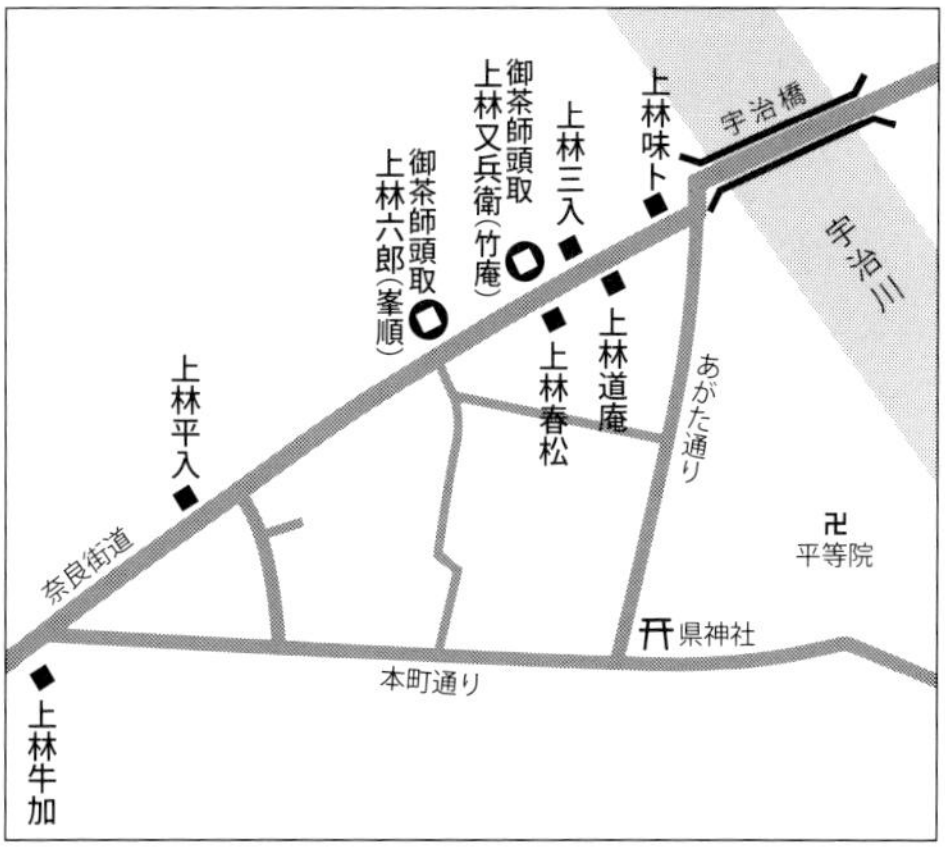

上林一族の屋敷地図（江戸時代前期・『上林家の先人たち――丹波から宇治へ』〔上林いとこ会〕を基に作成）

の知行を与えられ茶の献進を命じられた。

上林紹喜（味卜《みぼく》家）：久重の次男。父と共に宇治に到り、味卜家を立てる。

上林秀慶（春松《しゅんしょう》家）：久重の三男。父と共に宇治に至るが、出家して白川金色院に入る。後に還俗《げんぞく》して春松家を興す。

上林政重（竹庵《ちくあん》家）：久重の四男政重は元亀二年（一五七一）二十二歳で徳川家康に仕えて三河に在り、土呂で百石の采地《さいち》を与えられ製茶の指導、支配を命ぜられた。後に宇治に戻り竹庵家を立てる。慶長五年（一六〇〇）八月、かつて仕えた家康の恩に報いるため、町人でありながら伏見城の攻防戦で籠城軍の一将となって殉じた。このことが家康の感じるところとなって、高野山にいた嫡子が召し出されて竹庵家を継ぐことになった。

上林久徳（平入《へいにゅう》家）：久茂が家督を長男の勝永に譲って隠居し、勝永の次男を養子に迎え上林平入家を興す。

さらに上林家は、その姻族に上林姓を名乗らせ、上林一門の繁栄を図った。近江瀬田城主であった山岡氏系の**上林牛加家**、槇島村の藤村休味の養子であった藤村三休に名乗らせた**上林三入家**、もと近江北村の出身で北村を姓としていた**上林道庵家**である。

沢庵禅師（冥之）が上林秀慶（初代春松）に贈った短冊

「春せう（松）は値千金の御茶師哉」

関ヶ原の合戦が東軍の圧勝に終わり、徳川家康が天下を治める江戸時代を迎えることになった。家康は信長、秀吉の安土桃山時代と変わることなく宇治茶を重用し、茶道は、政道の礼法として幕府、藩主、武家のみならず社寺や公家などにも用いられた。「天下一の茶」として諸国に広まることになった宇治茶の需要は高まり生産量も増大し、それを扱う宇治茶師の地位も確立することになる。

　宇治茶が幕府や朝廷の御用茶としての役割を担うことになり、それを納入する宇治茶師と称される茶業者が組織化され、納入先によって格付けされた。将軍が直用する茶、将軍から朝廷へ献上する茶、また東照宮をはじめ徳川家の祖先を祀《まつ》る霊廟《れいびょう》へ奉納する茶などを調進する役割をもつ、宇治茶師のうちでも最も格の高い茶師たちを御物《ごもつ》御茶師《おちゃし》と称した。

古田織部像

（部分・『茶之湯六宗匠伝記』より）

　また、大坂夏の陣の勝利を祝して九名の茶師が新茶二袋ずつを献上した際、家康が大いに喜んで二条城で謁見《えっけん》し、以降これらの茶師に袋茶を調進することを命じた。二代将軍秀忠の代より紅葉山東照宮へ奉納する茶壺を調進、その他大御所《おおごしょ》（退位した前将軍）や西の丸の茶壺などを詰める茶師が御袋茶師《おふくろちゃし》と称されるように

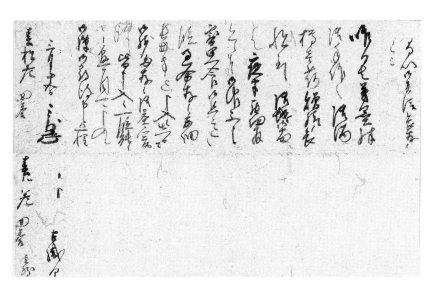

上林秀慶(初代春松)**宛　古田織部書状**(三月十五日付)

尚以、御音信畏存候、已上、
昨日者芳墨、殊御手作之御酒樽壱荷贈給候、畏悦至候、
御城御番ニ候て、夜半罷帰拝見候ま、、御報不申候、寄
思食御懇意之段、過分存候、委細長井〔貞信〕方迄申入候、先日
者御残多存候、御茶爰許皆申入候、一段能候由候、懸御
目可申入候、御隙御尋待申候、恐惶、
三月十五日　　　重然(花押)
〔上林〕春松老　回答
〔ウハ書〕「春松老　回答　　古織部　重然」

＊昨日はご書状、特に手作りの酒樽一荷をお贈り下さり、とてもうれしく存じました。御城番で夜半に帰り、拝見したままで、お返事も申さずにおりました。鄭重なお心遣い、恐縮に存じます。詳しくは、長井貞信にお話ししました。先日は、お名残惜しく存じました。御茶をこちらでは皆頼みました。特に良いとのことですね。お目に掛かってお話ししたいと思います。御暇の折、お訪ね下さるのをお待ち申し上げております。尚々、お手紙有り難く存じました、という内容である。

＊今年の御茶の出来がよいとは、茶摘みを始める頃が近付き、茶の新芽・嫩《わか》葉の様子を言ったものと解すべきであろう。

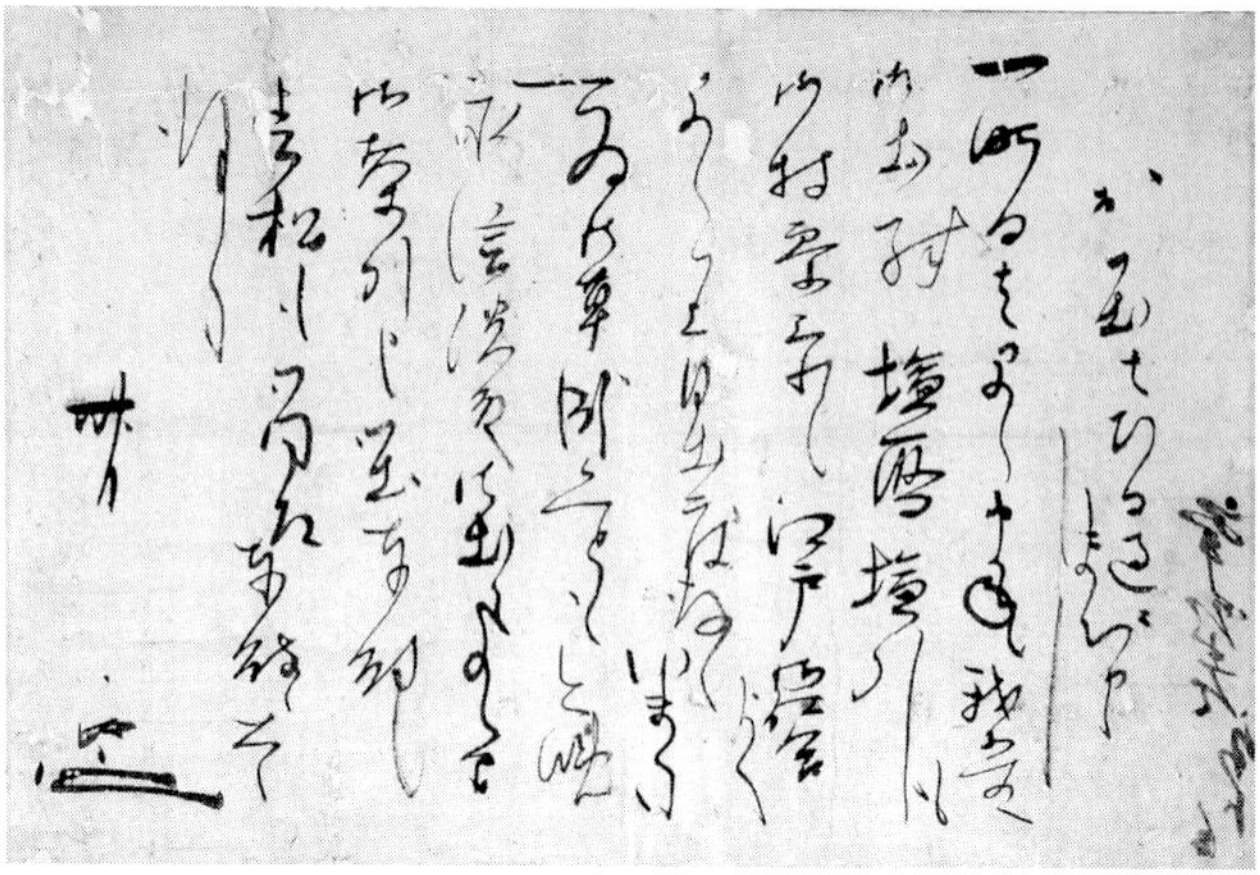

上林勝盛（初代峯順）宛 小堀遠州書状

〔裏ウハ書〕「峯順老〔上林〕　床下　宗甫」
於　御出はひる過ニまち申候、かしく
一昨日者早々申承候、我等所へも御出、殊塩雁塩引
御持参忝候、江戸御仕合よく早々御上、目出度存候、いまた可
為御草臥候へとも、今晩永信濃〔永井尚政〕御出之事候間、
御茶引申候、御出奉待候、春松〔上林秀盛〕も御同道奉待候、恐々
謹言
　三十日　　　　政（花押）

＊一昨日は、早々にご連絡承り、私どもへもお出で下さり、ことに塩雁や塩引（塩引き鮭）などを御持参くださり忝《かたじけな》く存じました。江戸での用事もうまくいき早々に御上京めでたいことです。まだお疲れでしょうが、今晩永井信濃守殿がこちらにいらっしゃるので、御茶を差し上げます。お出でをお待ちしています。春松さんも一緒に来られるのをお待ちしています、お出では、昼過ぎにお待ちしています、という内容。永井尚政は家康・秀忠・家光の側近で当時は淀城主であった。

なった。

天正十年（一五八二）の本能寺の変に際して、堺にいた家康が三河へ逃れる際、道中木津川から信楽まで間道伝いに道案内をした上林久茂に従った茶師達が御通茶師《おとおりちゃし》と名付けられ、幕府の雑用茶の納入に携わった。

遊び歌「ずいずいずっころばし」

ずいずいずっころばしごまみそずい
茶壺に追われてとっぴんしゃん
抜けたら、どんどこしょ
俵のねずみが米食ってちゅう、
ちゅうちゅうちゅう
おっとさんがよんでも、
おっかさんがよんでも、
行きっこなしよ
井戸のまわりで、
お茶碗欠いたのだぁれ

＊胡麻味噌を擂《す》っていると、御茶壺道中が来たので、家の中に入り戸をぴしゃんと閉めて息を潜めてやり過ごす。将軍献上の御茶壺道中に対して粗相があれば斬捨て御免になりかねない。通り過ぎたら一息つける。静かにそれを待っていると、鼠の鳴き声や井戸の近くで茶碗の割れるような音が聞こえた、という意味。

徳川家康は、本能寺の変で駿府へ戻る際に山城から近江への道案内の功績があった上林久茂（峯順家）、また、伏見城の戦いに馳《は》せ参じ討《う》ち死にした上林政重の子正信（竹庵家）を宇治茶と宇治茶師を支配する茶《ちゃ》頭取《とうどり》に取り立て、幕府勘定奉行の配下として旗本格とし、峯順家には五百石、竹庵家には三百石の知行を与えた。上林味卜、春松、平入家は御物御茶師の筆頭として幕末に至るまでその名を連ねた。

初代春松家は、当時幕府の御茶吟味役《おちゃぎんみやく》の職にあった古田織部との交流もあり、手作りの樽酒を届けた礼状など私信が伝えられている（47頁参照）。慶長年間の一六〇〇年頃、古田織部の茶会に招かれた沢庵禅師は、春松家の濃茶が気に入り「春松一ぷく値千金」としゃれたという話が、安楽庵策伝《あんらくあんさくでん》の著した『醒睡笑《せいすいしょう》』に記されており、沢庵禅師が「春せう（松）は値千金の御茶師哉《かな》」と認《したた》めて春松に贈った短冊が伝えられている（写真参照）。また上林一族は、宇治と隣接する伏見の奉行で幕府の御茶吟味役であった小堀遠州とも親密な関係にあり、しばしば遠州の茶会にも呼ばれている（48頁参照）。

将軍以下が使用する幕府御用の宇治茶を江戸城へ運ぶため、当初は「宇治採茶使《さいちゃし》」として下級役人に茶壺を持たせて宇治へ派遣していたが、それが三代将軍家光の時代に「御茶壺道中《おちゃつぼどうちゅう》」と称される制度となっ

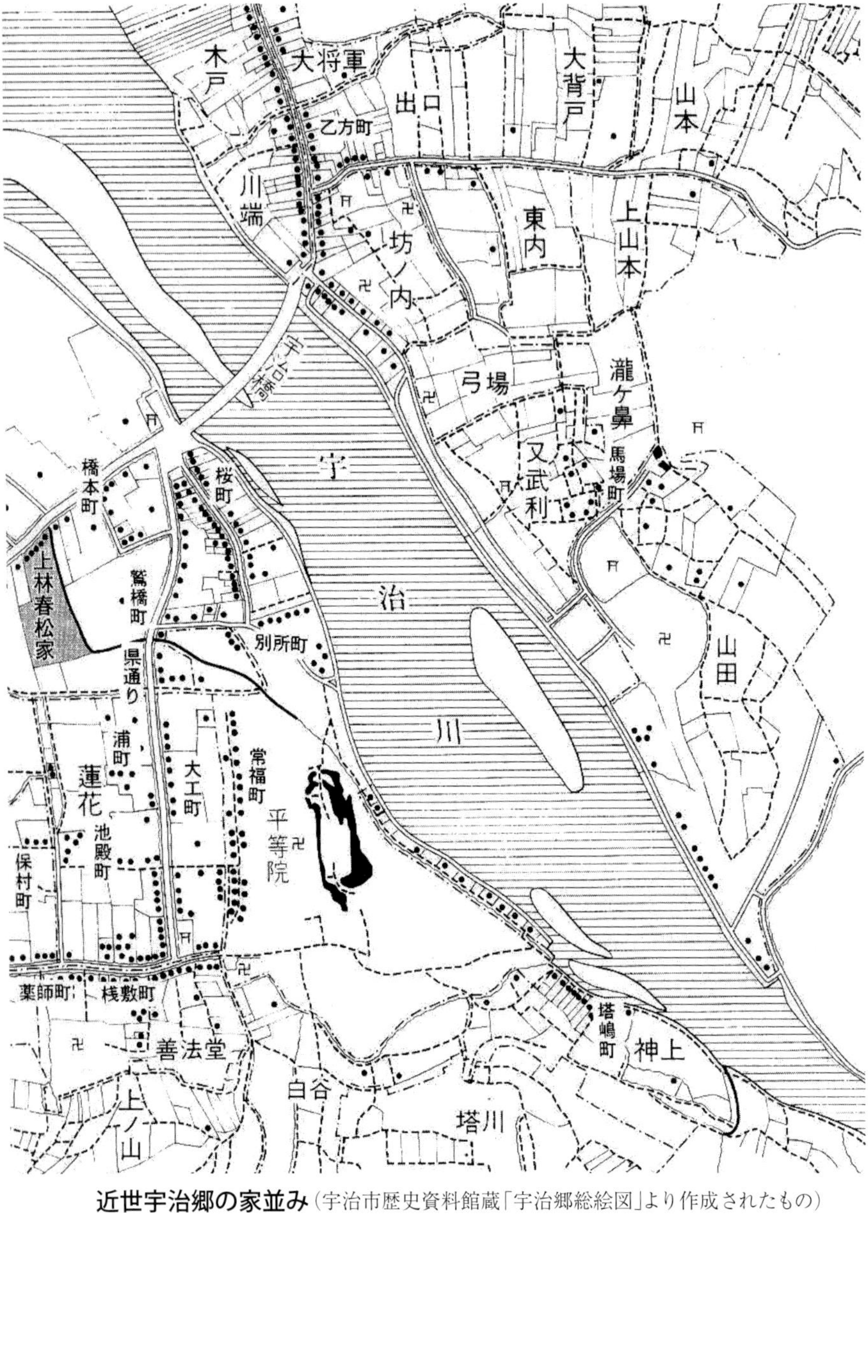

近世宇治郷の家並み（宇治市歴史資料館蔵「宇治郷総絵図」より作成されたもの）

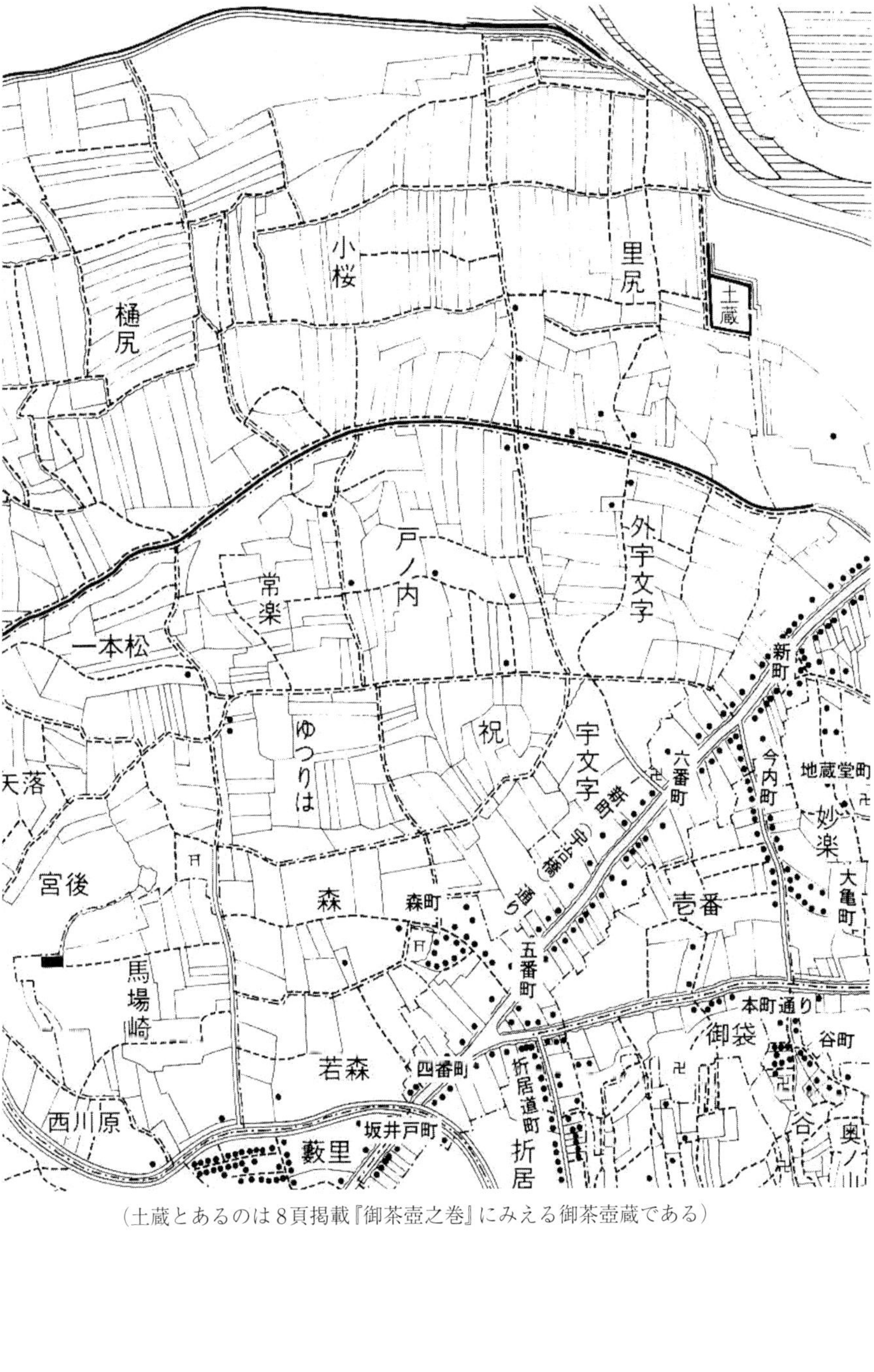

（土蔵とあるのは8頁掲載『御茶壺之巻』にみえる御茶壺蔵である）

て権威づけられ、大名であっても道中で茶壺に行き逢《あ》えば、摂家《せっけ》・宮門跡《みやもんぜき》に接するように路傍《ろぼう》に控えてその通行を優先するという定めになったのは、三代将軍家光の時代、寛永十年(一六三三)からである。

江戸城から宇治へ茶壺を運び、宇治で茶を詰め、江戸城へ持ち帰る茶壺の数は、元禄時代の一七〇〇年頃まで百五十口、宿場ごとで雇い入れる三百余人の人足を含めると、総勢五百人に及ぶ豪華な行列で、その道程は宇治から大津、草津を通り中山道《なかせんどう》を奈良井宿《ならいじゅく》、下諏訪、八王子、江戸に至る、総距離百三十五里《り》(五〇〇km)、日程は十三泊に及んだ。

享保の改革を行った八代将軍吉宗は、享保八年(一七二三)に江戸から宇治へ運ぶ茶壺は三口のみとする経費の削減を図り、以降、茶壺道中の規模はかなり縮小されたが、幕末に至るまで続けられた。

宇治茶師と大名

上林一族の大名等出入り一覧
(『三仲ヶ間御茶師中諸侯様方御茶之写書』他より)

上林味卜	肥後熊本藩細川家、土佐藩山内家
上林春松	尾張藩徳川家、阿波徳島藩蜂須賀家
上林平入	伊勢桑名藩松平家
上林三入	出雲松江藩松平家、佐賀藩鍋島家、豊前小倉藩小笠原家、千家
上林牛加	陸奥仙台藩伊達家
上林道庵	小田原藩大久保家、西本願寺

宇治茶師は幕府御用の茶詰めのほかに、中世以来諸国大名と深い関係をもっており、江戸時代になると、大名のための茶の供給者としてのみならず、大名の領地において茶やその他の物産の販売に関する特殊な権利を与えられたり、また、城下の特産品の持ち出しや販売の権利を与えられたりするという特権を保有するようになる。城下に屋敷地を与えられた茶師もあった。これを大名の「お抱え茶師」といい、茶師たちは「一国詰め」と称していた。

一方、宇治は古くから名所、遊楽の地であり、茶の文化と相まって大名たちを魅了した土地柄であった。

上林春松家と阿波蜂須賀家《あわはちすか》

上林春松家は、江戸時代を通じて徳島藩蜂須賀家と尾張藩徳川家のお抱え茶師として両家の御用茶詰を務めた。八代春松が文化六年（一八〇九）に阿波藩に差し出した由緒書に次のように記述されている。

福聚院（蜂須賀正勝）播州龍野御在城之御時、私先祖丹州上林郡居住仕候。則上林加賀守入道宗印与申者ニ御座候。此時より　御懇ニ被為　仰付、御館入被為　仰付候。尤其節者未茶業者不仕候。（中略）宗印悴嫡子掃部と申候。二男九郎与申候。三男権兵衛与申候。右権兵衛剃髪仕、春松与改名仕候様　秀吉公蒙　御意、両人共茶製仕候。此時宗印儀御懇之御由緒を以　福聚院様御茶元被為　仰付候。則御茶為御支配、歳限米弐百石被下置候（以下略）

徳島藩主蜂須賀家と上林家との繋《つな》がりは、蜂須賀正勝が播磨国龍野城主であった時代にすでに丹波上林城にあった上林宗印（久重）が懇意になり、相互の交流が始まったという。後に宗印久重が宇治に到り茶業に携わるようになると、蜂須賀家の「御茶元」となり支配米として二百石が与えられた。久重の三男であった春松が徳島藩主のお抱え茶師として出入りしたのは江戸初期に遡《さかのぼ》ることが、遺されている消息でも計り知れる。

一筆令申候、先日者、亀山迄被出、殊御振舞喜悦之至候、随而銀子五枚令進入候間、此者口上ニ申候、恐々謹言

松仙松

忠（花押）

九月廿三日

上林春松殿

贈答品に対する礼状で、消息の主「松仙松」「忠」は蜂須賀家三代の忠英で幼名を「千松丸」と称していた。忠英の父至鎮の急逝を受けて、元和六年（一六二〇）十歳で家督を継ぎ松平千松となり、元和九年元服して忠英を名のった。この消息は元服後、寛永初年（一六二五頃）のもので、そのことから、上林春松家との関係は二代至鎮や三代忠英を後見していた家政の時代からであると思われる。

蜂須賀正勝像（部分・徳島城博物館蔵）

「お抱え茶師」として春松家が毎年蜂須賀家へ納入していた茶の量について、元禄四年（一六九一）の「御茶引附帳」（幕府および諸家への壺詰めの元帳）によれば、二十三口の壺に百二十五斤（約七五㎏）の茶が詰められている。また、他の年代の諸記録にもほぼ同じ量が記されているので、例年この程度の茶が徳島にもたらされていたのであろう。茶料は銀子《ぎんす》によって勘定《かんじょう》されていたが、特に主たる壺、壱

番、弐番御壺については大判一枚を拝領していた。これを大判詰と称していた。

江戸時代初期には春松家当主が随時徳島を訪れていたが、江戸中期以降は番頭や手代《てだい》が派遣され、注文を得るために藩内の得意先を回っていた。寛政四年（一七九二）の「阿州茶料諸事控」によれば、徳島におもむいた春松家の手代が、先代藩主の住む冨田屋敷や諸公族のいた花畑屋敷、中老岩田七左衛門の屋敷等を訪問している。この控には、訪問した先のそれぞれの受注の内容が、茶銘、数量、茶料にいたるまで詳細に記されている。「右御屋敷、当年秋切茶、今ニ申不参候間、何分此節御用被仰付被下候呉々願可候事」との記述も見られ、注文のない屋敷には重点的に営業活動を行っていたことが偲ばれる。

また、徳島藩への茶の納入に加えて淡路等の藩領における茶類の独占販売、販売管理といった権益の保持にも努めている。文化六年（一八〇九）の由緒書に「然ル所、峻徳院（至鎮）様御代、阿・淡御両国へ入込候御茶類、春松切手無之候而者、取捌御停

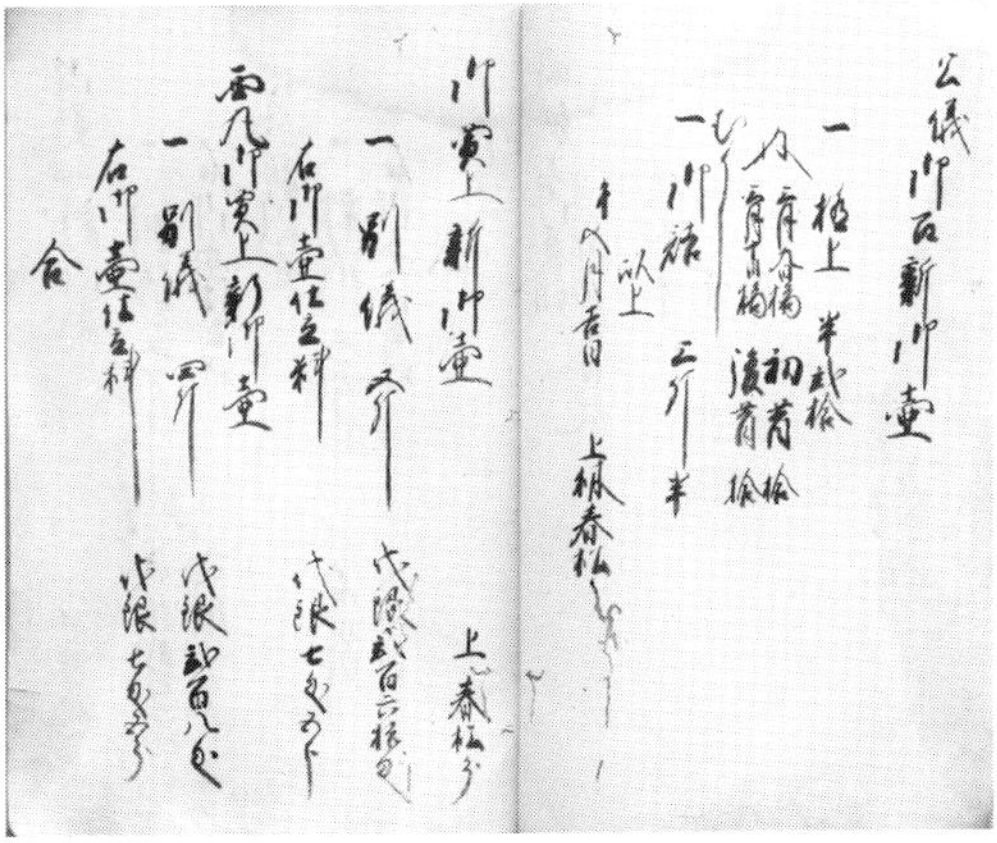

「御茶引附帳」

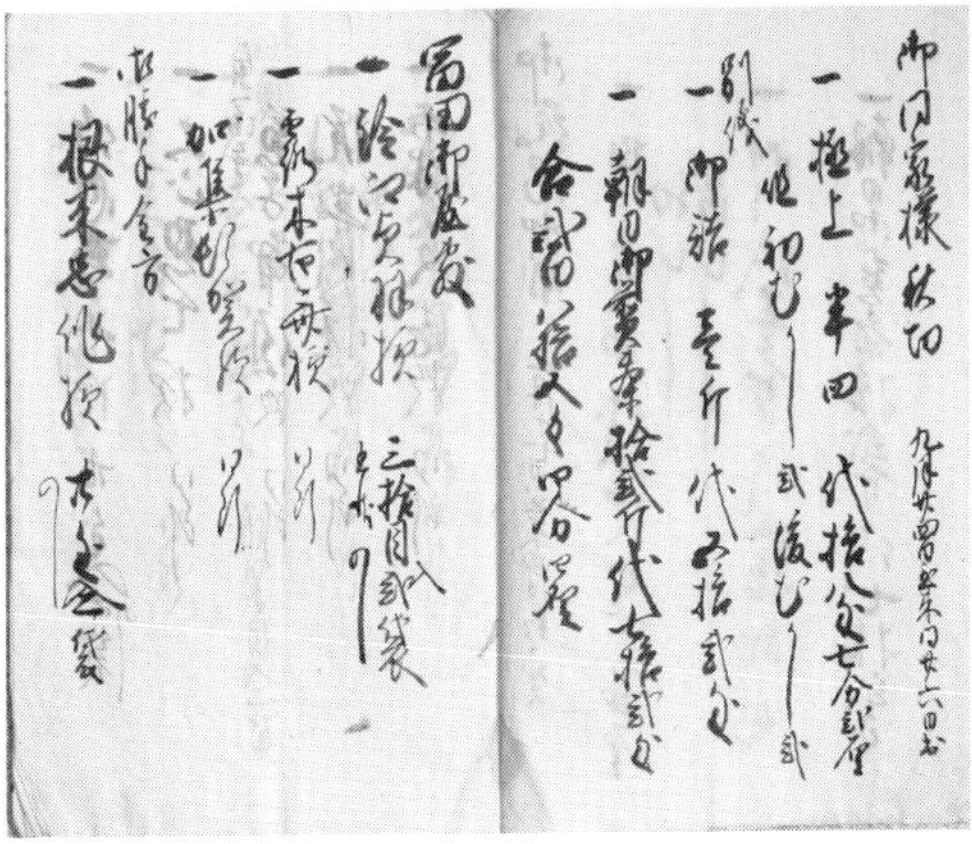

「阿州茶料諸事控」（寛政四年）

止被為仰付云々」の一文がある。

当時阿波、淡路で茶類販売のために入国する者への統制権を確保するための願書である。こうした永年にわたる蜂須賀、春松両家の交流は、単に大名とお抱え茶師の関係以上のものであった。

特に、元禄十一年（一六九八）の大火により類焼した屋敷等の復旧には各茶師とも膨大な費用を必要とし、その調達に苦労を余儀なくされた。

春松家の再建については蜂須賀家から多大な援助がもたらされたことが想像される。古老の話では、大正初期に修理される以前の長屋門の屋根の丸瓦は全て蜂須賀家の家紋である丸に卍が表されていたと伝えられており、現在でもその名残として両棟瓦には当時のまま蜂須賀家の家紋が残されている。また、大正十五年（一九二六）に改築された屋敷の内、玄関部分は旧建物がそのまま残されており、その正面の瓦には蜂須賀家の家紋が見られる。現存する茶室「松好庵」は、蜂須賀家によってこの頃に建てられたものと伝えられている。

菊屋（絵葉書・京都女子大学前﨑信也研究室蔵）

各代の藩主が春松家を訪問した記録が両家に残されている。蜂須賀家の参勤交代の経路は船で大坂に入港した後、淀川を遡上《そじょう》し伏見に上陸、東海道を経て江戸へ入った。伏見では堀井左衛門本陣が常宿であった。この道中に要した日程は往路二十日程に対して、帰路は十五、六日であった。それは、公家や京都所司代への表敬訪問もさりながら、伏見滞在中には京都やその周辺を巡見することが代々の慣習であったためで、その節には御茶元である宇治の春松家を訪問することが習わしであったようである。十二代藩主斉昌が文化十二年（一八一五）に春松家を訪問した際に饗応した献立には、鮎すし、つくり身、鯛の塩焼きなどが見られ、中でも鮎すしが気に入られ三回もお替わりされたとの記述がある。食事のあとは濃茶「大祝昔」一服、薄茶「極昔」二服のほか煎茶「折鷹《おりたか》」数度・「きせん」数度を味わい、「御膳御廻り御意相叶候、御茶之処も能あがり申候。別而折たか《鷹》殊《こと》の外《ほか》御歓御意被二下置一候」と、斉昌がこの饗応に満足したと記されている。さらに滞在中は鮎汲み、網打ち漁など宇治川での船遊びにも興じたようである。

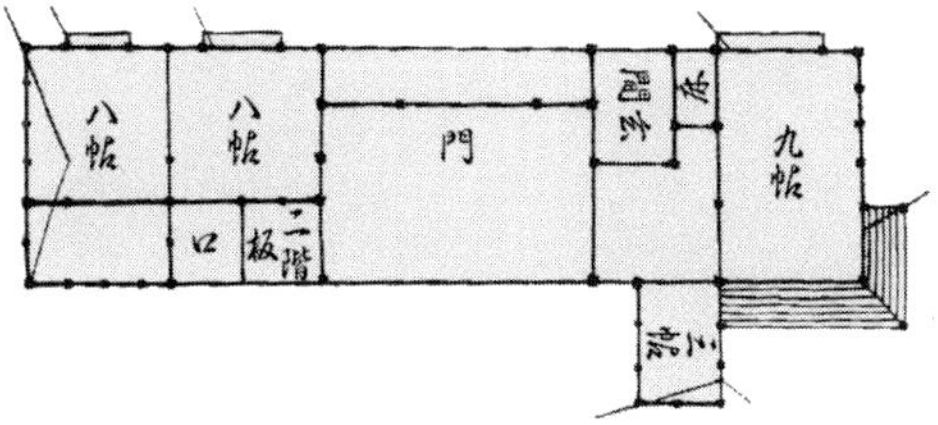

長屋門見取図

また、藩の文書に「上林へ泊まるつもりであったが、掃除がゆきとどいていないとのことで断られた。仕方なく菊屋（宇治川沿いの旅籠、前頁参照）に泊まることにしたが、夕食は上林で饗応を受けた」と記された文書が見られ、蜂須賀家歴代の藩主もたびたび春松家を訪れており、さらに側室の来訪も遺された献立に見られる。

古い屋敷図（元禄の大火後に建築された建物）によれば屋敷の東部に特別な来客のためと思われる、玄関から直接出入りできる八畳二間の部屋が設えられており、専用の湯殿と厠《かわや》が備えられている。また、現在も遺る二畳台目の茶室「松好庵」は蜂須賀家により建立されたと伝えられており、建立の年は不詳であるが、寛政十一年（一七九九）に修理した記録が茶室の屋根裏で発見されたことから、元禄大火後まもなく、蜂須賀家六代綱矩《つなのり》により建てられたものと推測される。

このように江戸時代初期から、大名と御用茶師という関係以上の親密な繋《つな》がりをもっていた蜂須賀家と上林春松家であったが、その関係は、明治維新による廃藩置

二畳台目茶室「松好庵」（内部・口絵参照）

蜂須賀綱矩像
（部分・徳島城博物館蔵）

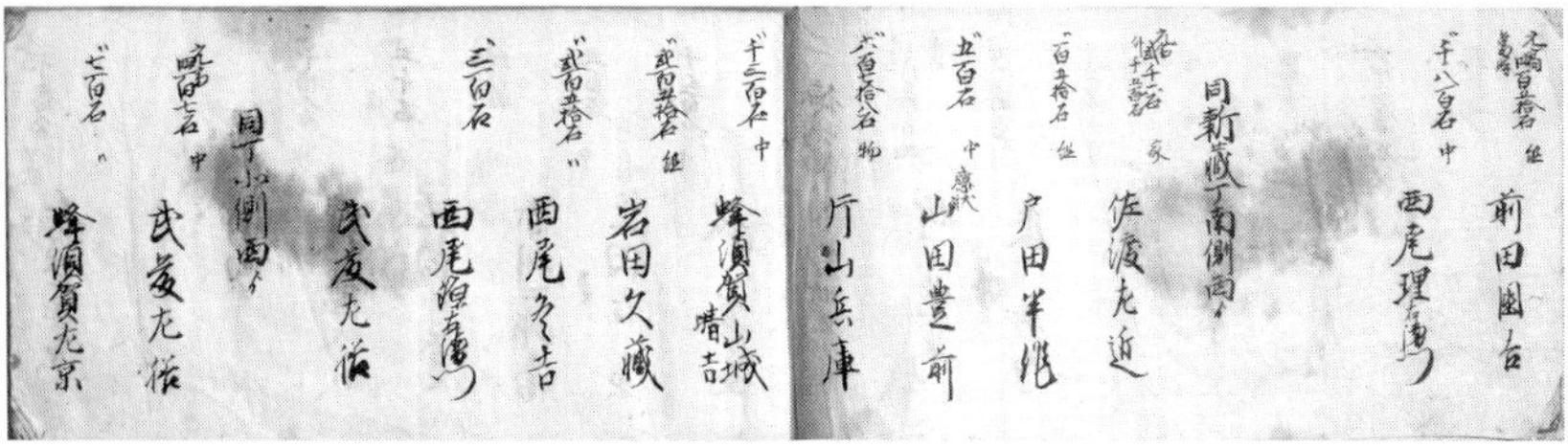

「阿淡両国高取名面并得意帳」

県などによって崩壊《ほうかい》することになる。それでも徳島との関係は途切れることはなかった。

十一代春松は茶商としての転機に、蜂須賀家を通じて縁の深かった徳島に販路を求め、かつて知己《ちき》のあった得意先に出向いて茶を販売した。その節得意先に配った「御茶銘并価之記」（木版、117頁参照）には価格が両《りょう》建てと円《えん》建てで表裏両面に刷られており、明治四年（一八七一）に実施された新貨制度の前後に作られたものと推定され、維新後いち早く徳島に赴いていたことが判る。また、後の活版印刷の価格表「御茶銘録」（117頁参照）には、「菟道製造人・上林春松」、徳島での旅宿として「中通り町二丁目・島村輿三郎」とあり、徳島ではこの宿を拠点として営業活動を行っていたのであろう。ちなみに中通町の地名は現在も徳島市の中心部に見られる。

徳島との関係は茶の販売だけではなく、生計を支えるために、阿波特産の藍を持ち帰り、藍染めの内職をしていたことが伝えられている。

こうして明治時代に及ぶ蜂須賀家、徳島藩との縁が、上林春松家が宇治御茶師の後裔《こうえい》として現在まで茶業を守り続けられた大きな要素であったのではないかと推測される。

尾張徳川家と上林春松家

上林春松家が尾張徳川家の御抱え茶師として仕えたのは初代秀慶の時代で、蜂須賀家初代の推挙によるものとされ、十六世紀後期に遡《さかのぼ》る。文久三年（一八六三）に尾張藩に差し出した由緒書（「尾州様江差上候控」）に次の記載が見える。

御殿御用被為　仰付、数代相勤候儀は、先祖春松、　蜂須賀修理太夫殿格別之御取成ニ而　公儀御召方相勤居、御茶格別ニ出精仕候ニ付、　御殿御茶も被為　仰付下候様、御取成被成下、右以　御吹挙、始而御用被為　仰付相勤候処、　御目見被　仰付、献上物并拝領物仕、則私製茶之、戸ノ内むかし居宅地面之内之茶園也、　修理太夫殿より御進上被成候処、殊之外　御意ニ相叶、其後　御召之御壺被為　仰付、

御代々様御召、御茶　御用相勤罷在候、

尾張徳川家の御茶元は春松家と尾崎坊有庵の二家が勤めていた。両家による藩御用茶詰は近世初頭にはすでに始まっており、幕府による享保の改革までは、名物茶壺二十数口に茶詰が行われていた記録があり、かなりの量の茶が納められていたと思われる。

諸国の大名のための茶詰は、幕府御用の茶詰が全て終了してから始められるのが通例であり、これは御三家の徳川家でも例外ではなかった。しかし尾張藩の場合は、幕府の茶壺が宇治へ到着した翌日には御用茶壺が到着し、茶詰も「尾州様御茶詰之御日限　公儀御詰早ク相詰候ハヽ、直様御詰上」と幕府御用終了後すぐに行われていた。尾張藩の御用茶壺が宇治へ届けられる道中には、御数寄屋頭ほか家来数名、御裁量衆五〜七名、各宿場で招集される人夫十数名など二十数名の者が携わった。

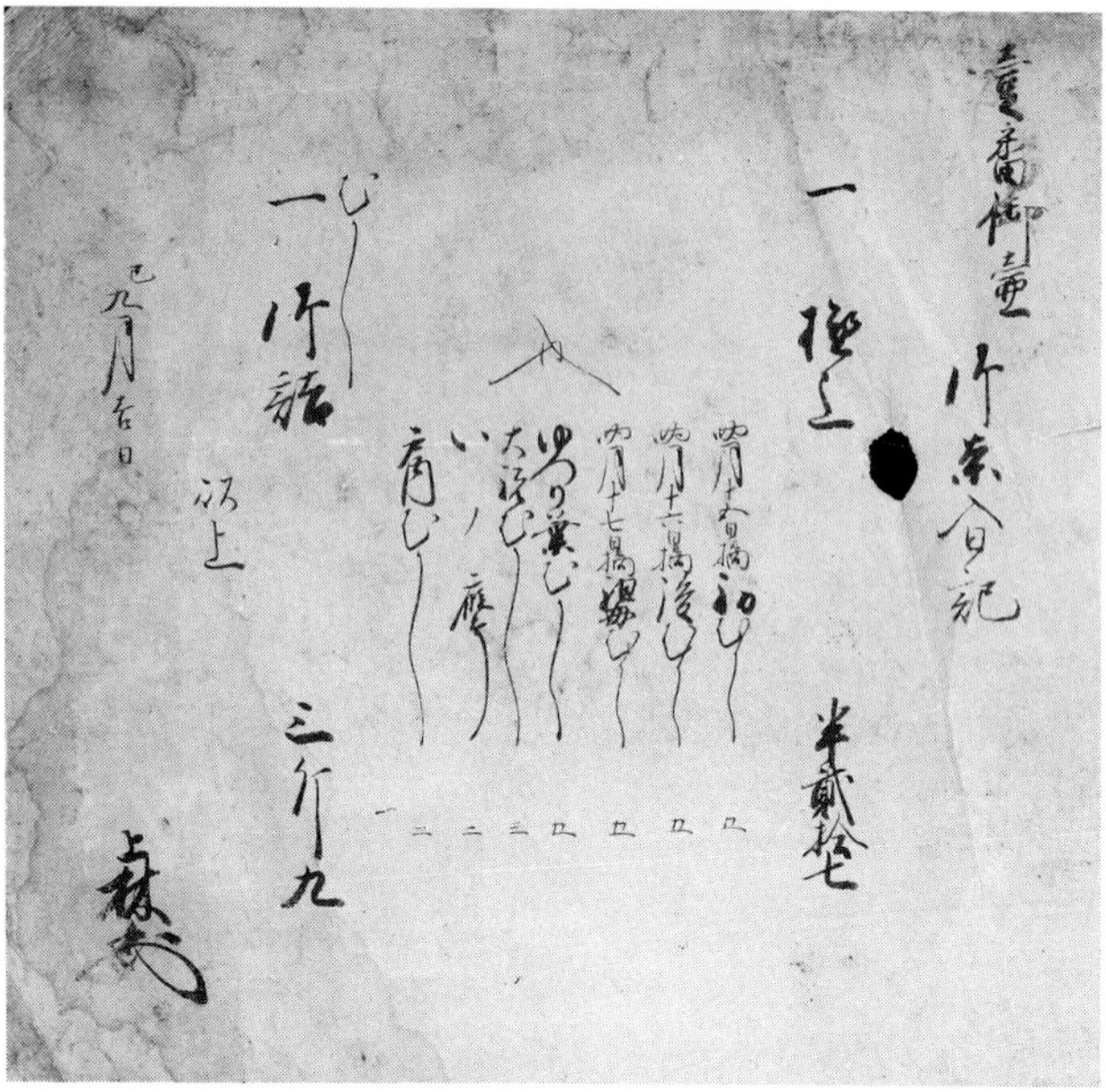

「御茶入日記」

こうして宇治に届けられた茶壺は春松、有庵両家が隔年で勤める御宿番の屋敷に預けられ、ここで茶詰が行われることになる。屋敷に到着した茶壺は御数寄屋頭によって改められ、同行してきた裁量などお供衆は滞在先の伏見へ移動するが、御数寄屋頭だけは茶師の饗応を受け屋敷に一泊、翌朝京へ行くの

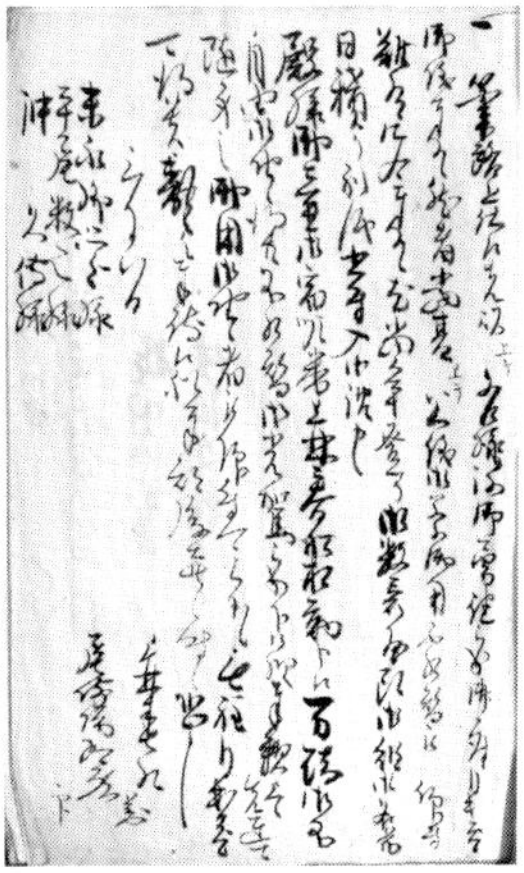

「尾州御茶詰并勤方記録」
（文化六年・上林秀郎）

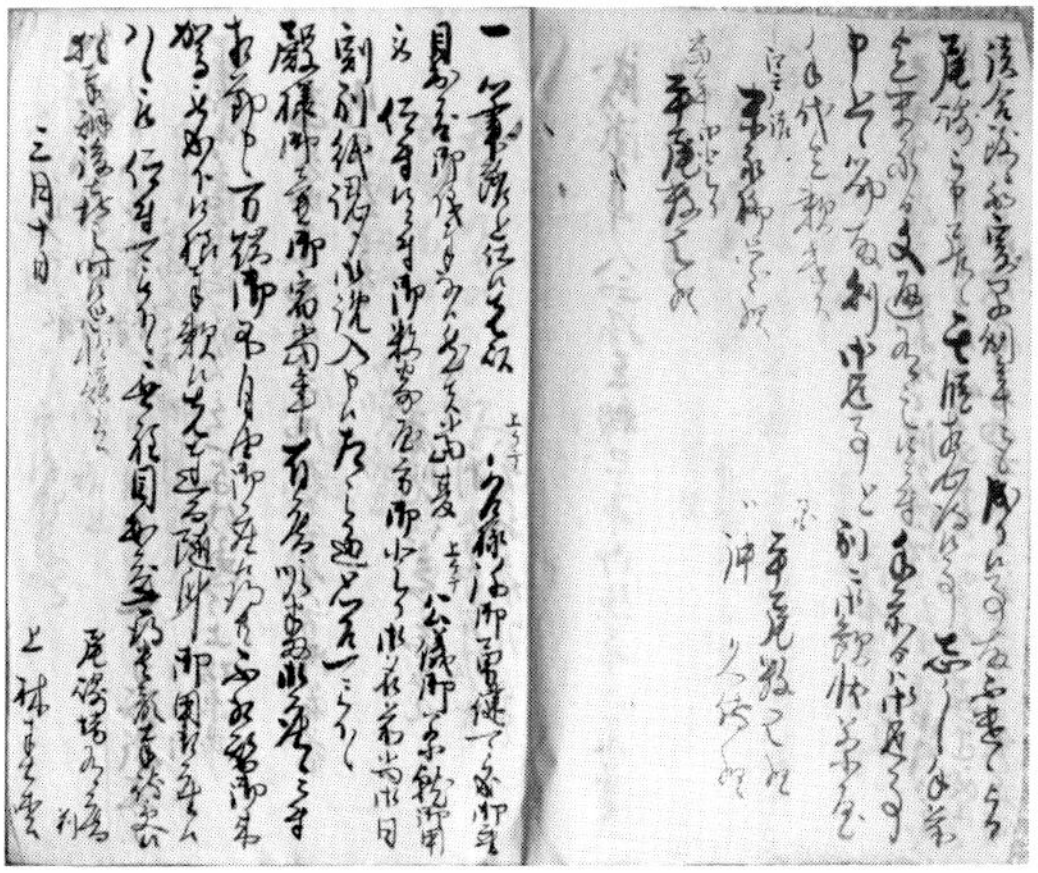

「尾州年中記録」（文化七年・上林秀政）

が通例であった。茶詰は幕府御用の茶壺が御茶壺道中によって宇治を出立した翌日から始められた。

茶詰の期間は三日間で、初日は尾張藩伏見屋敷奉行と御数寄屋頭の立ち会いのもと、名物茶壺への茶詰が行われた。二、三日目は伏見屋敷奉行の立ち会いはなく御数寄屋頭のみの立ち会いが行われた。すべての茶詰が終わった後、御数寄屋頭立ち会いのもと茶師やその手代たちによって荷造りが行われ、終わり次第茶壺一行は名古屋へ向かうことになる。茶壺が宇治へ到着してから約一ヶ月後のことである。すなわち茶壺と同行した御数寄屋頭も茶詰業務のために、毎年この間京、宇治に滞在していたことになる。

春松、有庵両家が隔年に受け持っていた、尾張藩の御数寄屋頭やその家来に対する接待や饗応にかなりの経費と時間を費やしていたことは、「尾州諸候年中書留」「尾州御茶詰并勤方記録」等の記述に詳しい。それによれば、遊覧のために宇治近郊、山城南部へ足を延ばすこともしばしばで、また、宇治川に舟を浮かべ、鮎汲み等の川遊びや舟での遊覧などをしたことが見られ、饗応についても御数寄屋頭の好物をあらかじめ調べて馳走したり

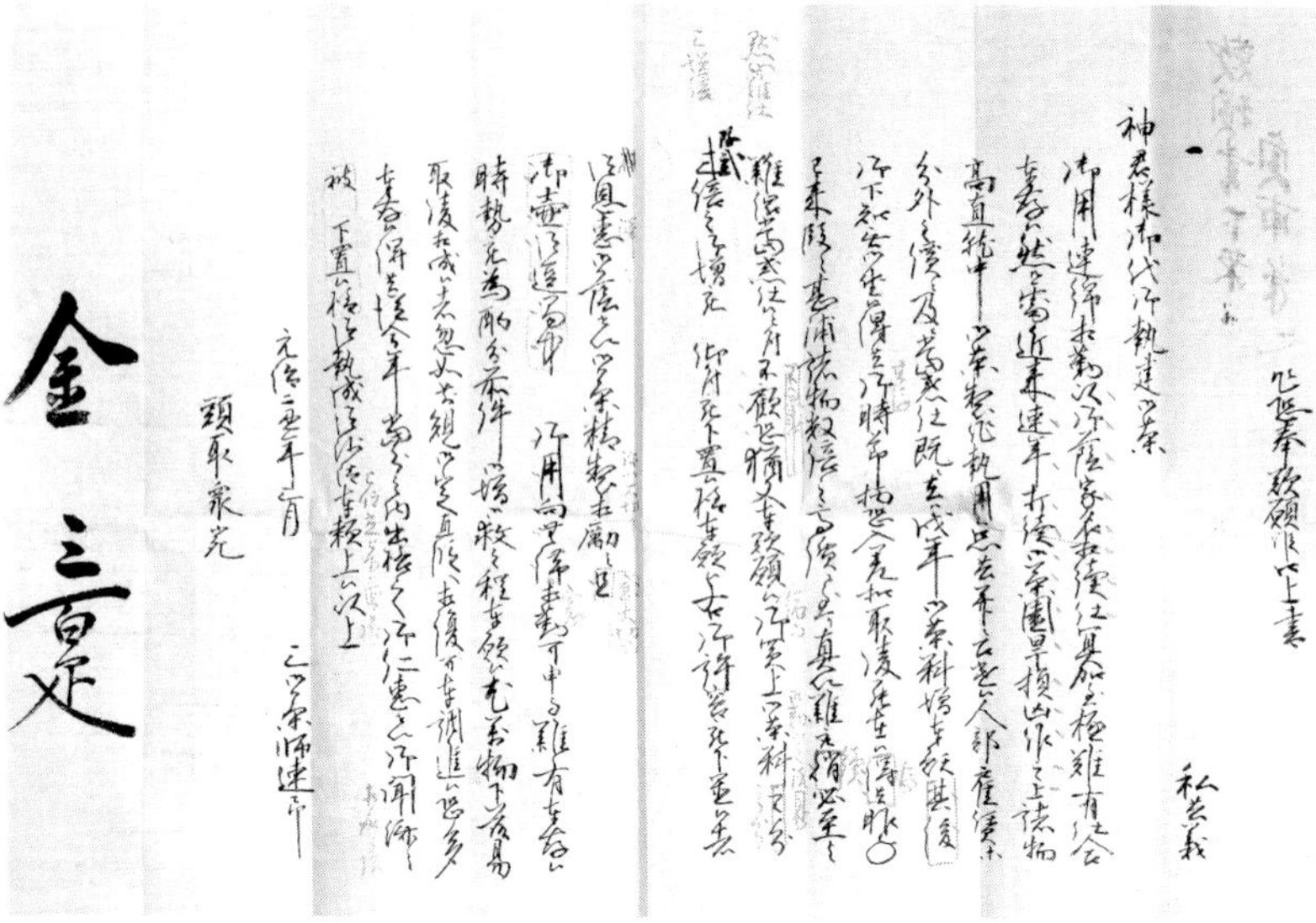

「乍恐奉嘆願候口上書」（下案・元治二年）

と、伏見、宇治に滞在中の御数寄屋衆に対しては旅行、饗応などの接待を行ってきた。このような応接を恒例として継続するにはかなりの出費があったと思われる。反面、元禄の大火の際には、窮状を救うため茶料大判十枚と茶壺二口分を前借、また、有庵家とともに「御壺二口之茶料十五年分、大判三十枚」の前借等の経済的な援助も受けていた。

十八世紀に入ると幕府の財政が逼迫、その立て直しのために八代将軍吉宗によって享保の改革が行われ、頻繁に倹約令が発せられる。尾張徳川家においても文化・文政年間には財政的に厳しい状態になり、御用茶についても節約のための諸策が講じられた。まず、恒例であった壱番、弐番御壺の茶料は、大判一枚とした大判詰《おおばんづめ》を廃止、詰茶の内容によって価格を決める勘定詰《かんじょうづめ》にする。茶壺の数の削減などで春松家の財政にもかなりの影響をおよぼすことになった。

こうした変遷の中にあっても、大名と御抱え茶師としての尾張徳川家との縁は幕末に至るまで続けられた。

「嘆願書下案
　貞甫筆也」（裏ウハ書）
　　乍恐奉嘆願候口上書
　　　　　　　　　　　　　　　　私共義

神君様御代、御執建御茶
御用連綿相勤、以二御蔭一家名相続仕、冥加至極、難レ有仕合存レ奉候、然ル処、近来連年打続御茶園旱損凶作之上、諸物高直〔値〕、就中御茶製作執用怠共、幷ニ召遣候人部雇賃等、分外之価ニ及ヒ、当惑仕、既ニ去ル戊年、御茶料増奉レ願、其後、御下知無二御座候一得共、〔其後〕片時節柄恐入差扣取凌罷在候得共、〔処〕昨年已来段々甚鋪、諸物数倍之高価ニ至リ、真以難二取賄〔続〕一、必死与難渋当惑仕候ニ付、不〔不得止事〕顧恐猶又奉嘆願候、〔総而〕御買上〔御勘定請〕御茶料之分、弍《改貳》倍之御増、被二仰付下置一候様、奉レ願候、右之御許容被二下置一候者、御恩恵〔沢之〕御蔭を以、御茶精製〔弥御大切〕相励ミ、〔愈大切ニ〕且御壺御逗留中御用向無レ滞〔入念〕相勤可レ申与難レ有奉レ存候、時勢被レ為二酌分一、前件御増御救之程奉レ願候、尤万物下落易取凌相成候者、忽如二前規一御定直〔値〕段へ相復可〔シ〕レ奉二調進一候、恐多奉レ存候得共、従二今年一当分之内、出格之御仁恵を以御聞済〔相成候様〕し被二下置一候様、御取成御沙汰奉頼候、〔被仰立被下置候様〕以上
　　　元治二丑年三月　　　　　　　　　三御茶師連印
　　　　　頭取衆宛
　金三百疋

＊凶作と物価高騰のため、三御茶師連名で茶頭取衆に宛てた御茶料値上げ嘆願書の下書き。添削して推敲している。〔　〕が朱筆書き込み。

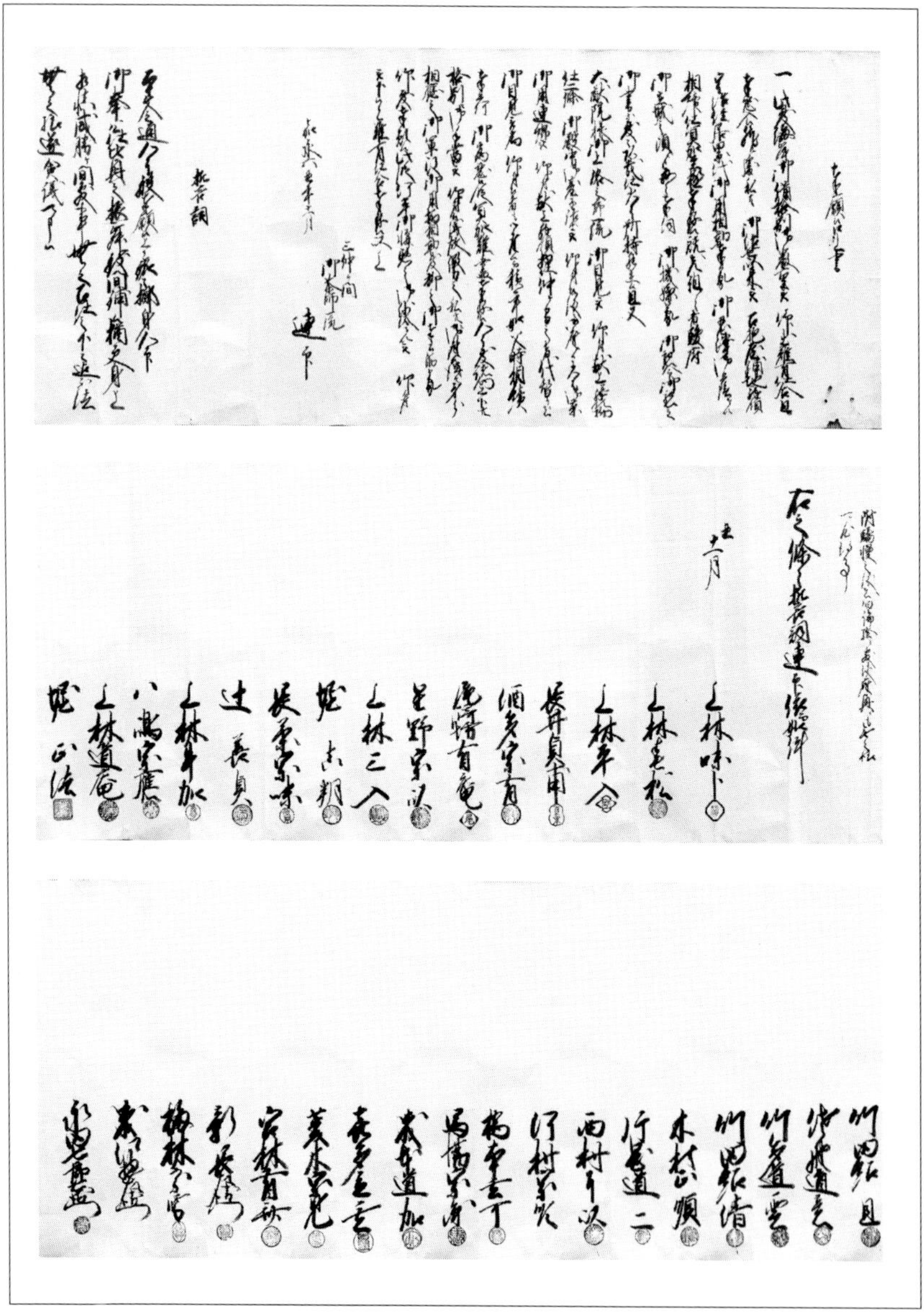

「海岸警備に関わる誓詞」（嘉永六年〔1853〕）

＊海岸警備を厳重にとの命があり、「将軍家からは格別の引立を賜わってきたので微力ながら軍役に尽力したいため、相応の仕事をご命令下さい」という内容。その後に茶師仲間で誓詞を交わしている。幕末の様子が窺える興味深い史料である。

厳しい家計

宇治茶師は、幕府や諸大名の優遇や庇護のもとに生計を保っていたが、その内情は決して裕福なものではなかった。それは、度重なる火災や宇治川の氾濫《はんらん》による洪水などの災害を被ったためであった。大きな火災は、寛文六年（一六六六）、寛文十年（一六七〇）、元禄十一年（一六九八）などにあり、特に元禄の大火では、当時の記録によれば橋本町、新町、鷺の橋、桜町等宇治郷の中心部にあった茶師の家二十三軒を含む五百五十軒とともに、十町余の茶園が焼失するという大きな災害を被った。また、宝暦六年（一七五六）の宇治川氾濫による大洪水など再々の洪水の被害もあり、焼失・流失した家屋や製茶施設の修復のための莫大な経費、また茶園の被害による収入の減少等々、茶師の経済的な困窮は計り知れないものがあった。加えて「御茶壺道中」で宇治を訪れる役人の接待、さらにお抱え先の大名やその家臣などに対する年間の挨拶、宇治訪問の際の接待等に少なからぬ出費を余儀なくされた。

こうした茶師たちの生計を補うためには、納入先の幕府やそれぞれの茶師のお抱えの大名の援助に頼らざるを得ず、寛永十九年（一六四二）には困窮を理由に茶代三割の増額を願い出たり、寛文九年（一六六九）には宇治茶師一同が幕府から五百両を拝借したりするなど、十七世紀中頃からは幕府の援助を得なければ日常の生計にも事欠く情勢が続いた。

上林春松家もご多分に漏《も》れず、元禄の火災では、尾張徳川家から大判十枚と茶壺二口分の茶料を借用し復旧に当てた。その後の大水害の際にも大判三十枚の前借を願い出ている。

元禄年間は、茶師にとっては数度にわたる災害による困窮に見舞われた時期であったが、幕府にとっては町民の台頭によって経済的には安定した時代であった。しかしその後は次第に幕府の経済も逼迫《ひっぱく》してゆき、倹約政策は宇治茶の需要にも影響を及ぼした。

特に、八代将軍吉宗によって発令された享保の改革（一七一六）以降は、元禄年間には五百人を超えた豪勢な「御茶壺道中」は小規模なものに縮小され、毎年のように命じられる倹約令により、幕府や諸大名に納める茶の量も減少した。茶料の値上げを願い出るが幕末にいたるまで据え置かれ、諸物価が高騰し、幕府や諸侯の用人《ようにん》の応対に必要な教養を身につけるための費用などの出費もかさみ、茶師の疲弊《ひへい》が増大することになった。

十代春松も文政八年（一八二五）には困窮を理由に阿波蜂須賀藩から銀五貫匁を借りる。この頃には、幕府からの茶料を担保としての借金も相次いでいたようである。

玉露の誕生と茶商への道

元文三年（一七三八）に現在の青製《あおせい》湯蒸製法《ゆむしせいほう》の煎茶が永谷宗円《ながたにそうえん》によって創製され、それが宇治近郷の茶産地で生産され、宇治煎茶として愛好者を得てたちまち全国に販路をもつことになる。しかし、宇治郷の茶園は幕府の管理下におかれ、新茶の摘採・製造期には野奉行が立ち会い、碾茶《てんちゃ》（抹茶用の葉茶）以外のものの製茶は許されなかった。こうした窮状の中、十代春松は禁制であった煎茶の製造を思い立つ。

明治十二年に役所に提出した「共進会出品添付書」にその経緯が記されている。

（前略）天保年間ニ至リ、同志宮林有斎ナル者ト計リ、濃薄に製ス可キノ芽ヲ摘採シ以テ煎茶ニ製シ、銘スルニ綾鷹ヲ以テス、是則チ方今世上ニ玉露ト称ス綾鷹玉露元ト同品ナリ（後略）

宮林有斎は宇治郷外の大鳳寺村に在した御通茶師であり、煎茶の生産が許されていた。また、春松が持ち出した茶芽は覆下栽培の茶園のもので、これを煎茶と同じように加工して作った製品には、煎茶にはない甘味があった。これがこの頃に宇治郊外で生産され始めた新製品、のちに「玉露」と名付けられたものである。時に春松は二十二歳頃であった。

この新製品の販路を阿波藩下に求めたことは、当時の蜂須賀家と上林家の関係を顧みれば当然であっただろう。

十一代春松が相続、襲名《しゅうめい》したのは安政五年（一八五八）、江戸時代が終焉《しゅうえん》を迎える頃であり、二十四歳であった。先代が企図した茶師から茶商への転換をさらに積極的にすすめ、新製品の綾鷹をはじめすでに庶民に浸透していた煎茶も扱い、やがて明治時代を迎えることになる。

《コラム》上林春松家と当家所蔵文書について　坂本博司

宇治茶師といえば上林家が筆頭にあげられる。順家と竹庵家を二本柱とすると、味卜、春松、それに周辺地域をも管轄区として行政官ともされた峯　平入を加えた各家は前者の傍系となる。峯順は門太郎家あるいは六郎、竹庵は又兵衛ともいい、それぞれ五百石と三百石が扶持として宛てがわれた。三入、道庵、牛加の各家も同様に江戸初期から上林を姓とするが、同族的な結合とは性格を異にする一門あるいは系列といったまとまりに属している。

上林の中心メンバーは宇治橋西詰の橋本町に多く軒を連ね、近世前期は北側角から橋姫社を敷地内に祀る上林味卜、そして峯順、三入、竹庵とつづき、三入・竹庵の対面に、道庵と春松が隣り合った。上林春松家は、今もその場所に長屋門とともにのこる。ちなみに宇治橋の東西両岸に家並を形成した村落を宇治郷といったが、そこには道をはさんで三十か町ほど固有の町名を冠する住民組織を形成し、そのうえに名主や年寄の役職を置いて郷としての自治組織を営んだ。耕作面積はおよそ二百町歩、その半分あまりが茶園つまり茶畑だった。人口は三千人前後だが、茶作りの最盛期には季節労働者が大量に流入し、超過密都市のような賑わいを呈した。

宇治茶師が扱う茶はもちろん高級宇治茶の碾茶である。濃緑色の葉茶で満たすことを前提とした茶壺が、大名や公家との間を行き来することを建前とした。将軍家御用を承る御物《ごもつ》・御袋《おふくろ》・御通《おとおり》の茶師仲間の構成員は、宇治郷の「百姓」とは距離をおく存在だった。

距離をおくと言えば、宇治在住の幕臣である峯順・竹庵の両家も、代官職を離れると「御茶頭取」の肩書きが与えられ、他の上林各家や御用茶師の面々とも一線を画する存在となっていった。一族としての上林家が江戸時代初めのような兄弟連合のかたちを払拭するなかで、血族の因縁を強く濃く持ちつづけたのが春松と味卜の両家である。二つの家系は表裏一体とも言うべき関係で相互補完的に江戸期の歴代を数え、いわば在来直系の筋を堅持しつづけた。そしてこの二つの家に宇治茶師関係文書が残り、宇治の歴史に関わる史料としてもさかんに活用されてきた。といっても春松家に限らず、宇治茶師は宇治郷の行政を主導し、積極的に関与する立場にはない。宇治郷の場合、いわゆる村文書や庄屋文書に相当するものを基本的に欠いているために、いきおいこうした茶師関係の文書群への依存度は高くなるが、春松家文書への期待は、むしろ御用茶師の営みを解明する方向にもっと熱心に向けられるべきである。

春松家文書は、各家歴代に関わる基本的な情報が得られる御物茶師ほかの由緒書をはじめ、仲間の記録、またその傍らに春松家に固有の得意先である尾張徳川家や阿波蜂須賀家それぞれに関わる記録が個別に、あるいは一まとめにされ、一見したところは乱雑な残り具合にうつる。そんななか御物仲間の記録が、八代秀政（父は六代上林味卜の弟）の時代にまとまって残ることが目につく。秀政は寛政四年（一七九二）に家業を相続し、はじめ秀易と称したらしい。文化六年（一八〇九）と翌年の「仲間用記録」を皮切りに、その後は同九年「御物中記録」、十一年「仲間用控帳」、十三年は「年行事帳」と「年行事控留」の二冊、十五年にも「仲間用控」と隔年に確認できる。当時、従兄弟や又従兄弟といった関係にあった味卜家当主の周辺とともに八代目春松が、御物茶師はもちろん御用茶師仲間をリードする立場にあったことは想像に難くない。一旦は上林代官が復活するこの時期、兄弟連合の面影をとどめた春松・味卜の両家は他の御用茶師からも一目置かれる存在だったことも認められていいと思う。また、御用茶師の業態あるいは稼業に関する基本的な性格として徹底した記録主義が貫かれたこと、そして内部にさまざまな問題と矛盾を抱えながらも「仲間」としてのまとまり、結束は相当強固なこと、さらにこれだけの文書事務をこなしきる能力が歴代当主に要求されたことも自ずと知れる。

春松家文書は宇治茶業関係史料とよばれることがあるが、しいていうなら明治期の共進会関係者を中心とする一群が直接的にはそれにあたる。十一代春松、秀利（〜一八九二）は幕末から近代にいたる時期に、自らの立場と家柄を強く意識し、歴史的・文化的な関心と興味をもちながら、茶業と茶舗の経営に取り組んだ。十二代上林三入盛厚（〜一八九八）らとともに、江戸幕府御用茶師からの脱却を遂げ、新しい時代の宇治茶師へと転身を図った、難局を見事にくぐりぬけた立役者の一人である。その詳細をあきらかにする材料が、未整理を含めた上林春松家文書にあると見込まれる。

宇治市歴史資料館は、上林記念館の委託を受けて同家古文書の整理作業に全面的に協力し、これまで1期と2期に分け合計743点を、それぞれ報告書にまとめた。現在、その後に受け入れた追加分の作業が進行中である。ちなみに『宇治市史』編さん時の文書調査、マイクロフィルムによる撮影では517点が記録されている。

（さかもとひろし・宇治市歴史資料館前館長）

維新直後の御用茶師

御茶頭取　●上林六郎（久道）　●上林又兵衛（政利）

御物御茶師	御袋御茶師	御通御茶師
●上林味卜（謙五郎）	○上林牛加	●片岡道二
○上林春松	×祝甚兵衛	○西村了以（了造）
○上林平入（盛之丞）	×八島宗応（督三郎）	○河村宗順（享三郎）
○長井貞甫（藤吾）	○上林道庵（道之丞）	●橋本玄可（規矩男）
●酒多宗有（悌二）	×堀　正法	○馬場宗円
●尾崎坊有庵（定之）	●木村宗二	○森本道加
●星野宗以	●竹田紹旦	●喜多立玄
○上林三入（盛厚）	●佐野道意	●菱木宗見（時之助）
●堀　真朔	×竹多道雲	○宮林有斎（源造）
○長茶宗味（彦太郎）	○竹田紹清	●新善右衛門
●辻　善徳		×梅林宗雪
		○森江惣左衛門
		×永田七郎右衛門

＊茶業従事：○　廃業：●　絶家：×

新時代への挑戦——温故知新

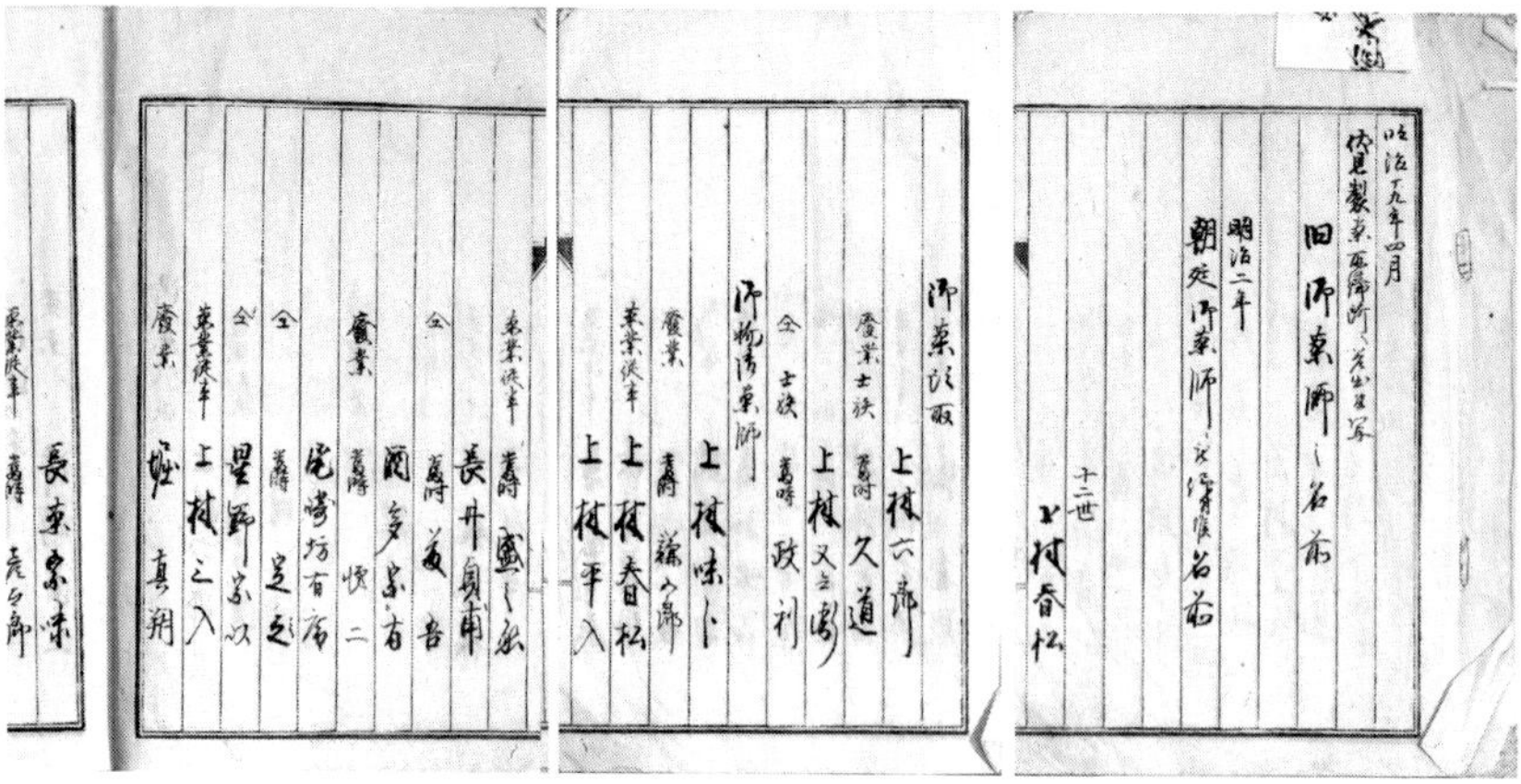

「明治二年 朝廷御茶師ニ被仰付候名前」（明治十五年）

明治維新

宇治茶は室町三代将軍足利義満の時代（一三七〇年頃）から、江戸時代にいたるまで五百年、時の将軍家の御用茶の産地としての地位を保ち、その茶を調進する宇治茶師たちは幕府や諸侯の庇護《ひご》のもとにあった。上林一族も豊臣秀吉や徳川幕府の引き立てによって、安土桃山時代より江戸時代を通じて、御物御茶師《ごもつおちゃし》として茶師の筆頭の地位を保ってきた。

しかし、明治維新によって茶師たちは、幕府をはじめ諸国の大名という得意先を一挙に失うことになり、その打撃は計り知れないものであった。多くの茶師が廃業、絶家《ぜっけ》を余儀なくされるなか、上林五家も峯順《ほうじゅん》家、味卜《みぼく》家、竹庵《ちくあん》家が廃業、茶業を続けたのは春松《しゅんしょう》家、平入《へいにゅう》家の二家になった。

しかし、宇治茶は幕府、諸侯の御用茶としてその名が諸国に知れ渡っており、かつて控茶師《ひかえちゃし》と称され茶師のための茶の生産に携わっていた人たちが、新製品の煎茶や玉露をもって茶商として全国に販路を開いた。

十一代春松秀利《ひでとし》も江戸時代を通じて御抱茶師《おかかえちゃし》として縁故のあった阿波藩の旧知を頼り、徳島、淡路を拠点として茶の販売に活路を見いだした。残されている「阿淡両国高取名面并得意帳」(58頁参照)には五百に及ぶ藩士の名前が記されており、この地方での販売量はかなりのものであったと推測される。さらに、嘉永七年(一八五四)の開港によって貿易が開始されると、絹製品についで日本茶が第二の輸出品として重要な地位を占めるようになり、販路を海外にも向けることになった。

明治九年(一八七六)米国フィラデルフィアにおいて開催されたアメリカ建国百周年記念博覧会では、十一代春松が上林三入と連名で出品した宇治茶が、「最モ培植ニ適シタル土地ニ産セル茶」であって、その「品質極メテ精良」のゆえをもって、博覧会総裁より翌十年付で褒賞《ほうしょう》を得た。この博覧会はアメリカ史上最大の規模であったと伝えられている。また、明治十八年(一八八五)イギリスで開催された万国発明品博覧会にも出品要請を農商務省に提出した記録がある。

フィラデルフィア万国博覧会日本館

当時、政府は殖産興業《しょくさんこうぎょう》のための共進会や博覧会を日本各地で開催した。その最初は、明治十二年(一八七九)九月で、生糸、繭《まゆ》と共に製茶についても共進会が横浜で開催された。上林春松も玉露《ぎょくろ》を出品、二等褒賞金《ほうしょうきん》三十円を受領した。明治十三年には仙洞御所・大宮御所で開催された第九回京都博覧会に、また、明治十六年の神戸における第二回製茶共進会にも玉露を出品、さらに同十七年の高知県共進会、翌十八年の京都博覧会等にも積極的に参加・出品し、日本全国はもとより広く世界にも視

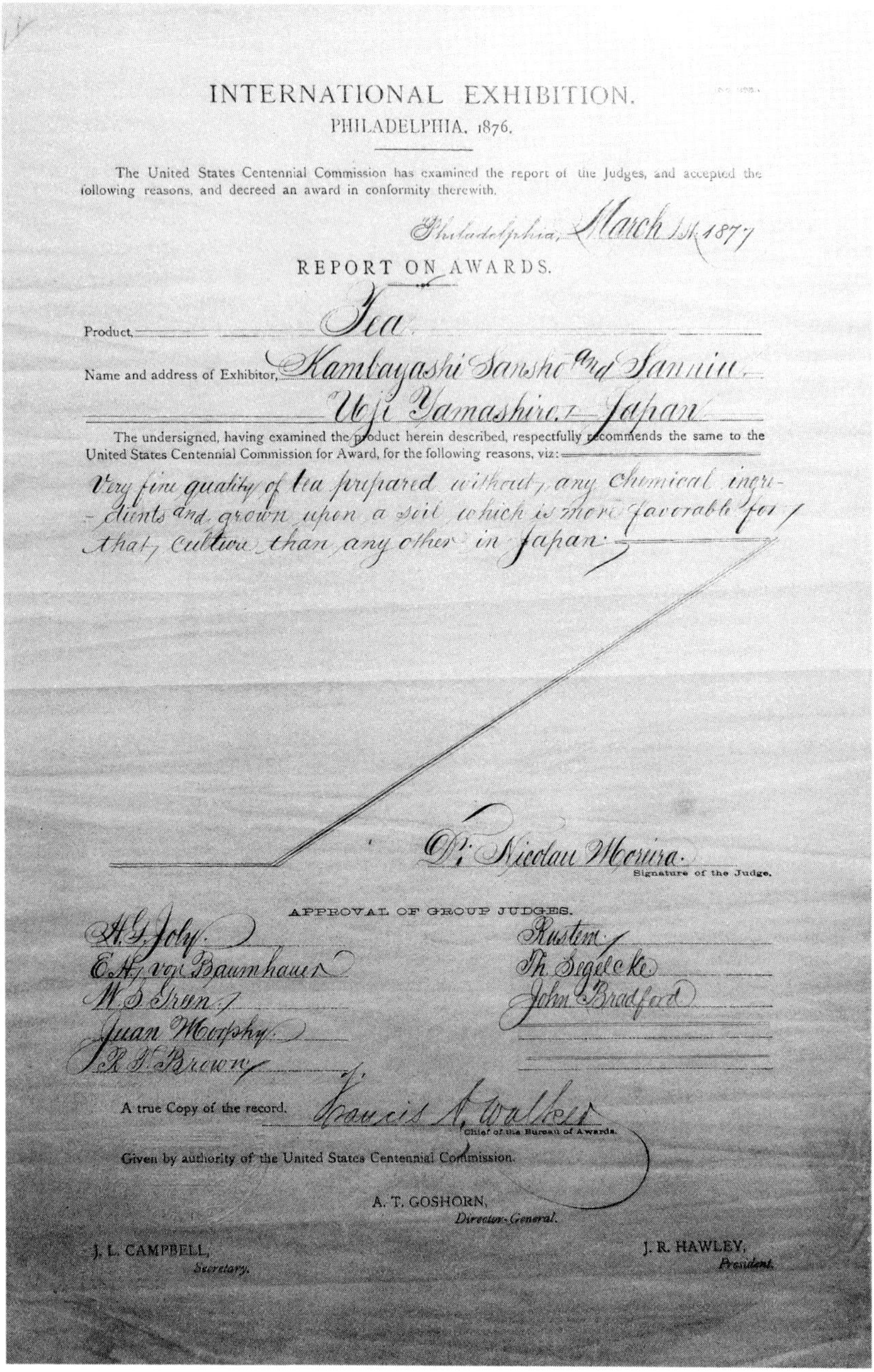

INTERNATIONAL EXHIBITION.
PHILADELPHIA, 1876.

The United States Centennial Commission has examined the report of the Judges, and accepted the following reasons, and decreed an award in conformity therewith.

Philadelphia, March 1st 1877

REPORT ON AWARDS.

Product, Tea

Name and address of Exhibitor, Kambayashi Sansho and Sannia
Uji Yamashiro, Japan

The undersigned, having examined the product herein described, respectfully recommends the same to the United States Centennial Commission for Award, for the following reasons, viz:

Very fine quality of tea prepared without any chemical ingredients and grown upon a soil which is more favorable for that culture than any other in Japan.

Dr. Nicolau Moreira
Signature of the Judge.

APPROVAL OF GROUP JUDGES.

A. G. Joly
E. H. von Baumhauer
W. S. Green
Juan Morphy
R. T. Brown
Rustem
Th. Segelcke
John Bradford

A true Copy of the record. Francis A. Walker
Chief of the Bureau of Awards.

Given by authority of the United States Centennial Commission.

A. T. GOSHORN,
Director-General.

J. L. CAMPBELL,
Secretary.

J. R. HAWLEY,
President.

「フィラデルフィア万国博覧会の賞状」（上林春松・三入宛）

「明治十二年共進会二等賞ラベル」

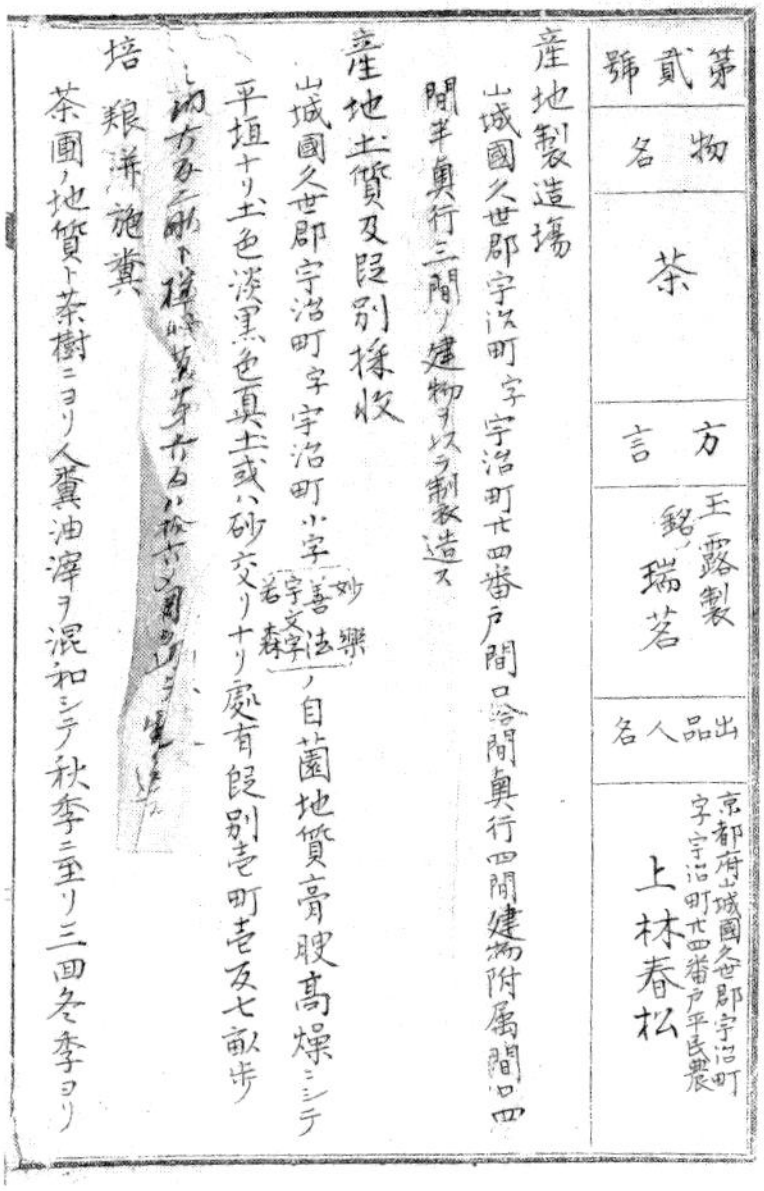

第貳號 物名 茶
方言 玉露製 銘瑞茗
出品人名 京都府山城國久世郡宇治町字宇治町七四番戸平民農 上林春松

産地製造場
山城國久世郡宇治町字宇治町七四番戸間口拾間奥行四間建物附属間口四間半奥行三間ノ建物ナリ之ヲ製造ス

産地土質及段別採收
山城國久世郡宇治町字宇治町小字妙樂・善法・宇文字・若森ノ自薗地質ハ膏腴高燥ニシテ平坦ナリ土色淡黒色真土或ハ砂交リナリ處有段別壱町壱反七畝歩

培養施糞
茶園ノ地質ト茶樹ニヨリ人糞油滓ヲ混和シテ秋季ニ至リ三回冬季ヨリ

「玉露製 銘『瑞茗』出品解説書」

野を広げた。

日本茶が輸出産業として活況を呈するようになった明治初期、政府は米英が主であった輸出先をさらに広げるため、茶産地の各府県に『紅茶製法纂要《さんよう》』を交付し紅茶の製造を奨励《しょうれい》した。十一代春松はいち早く紅茶の製造法を取得、明治十二年二月政府の勧農局《かんのうきょく》より「印度風紅茶製造伝習卒業証書」を授与された。実際紅茶の製造に携わったかは定かではないが、時の風潮には積極的に取り組んだ。

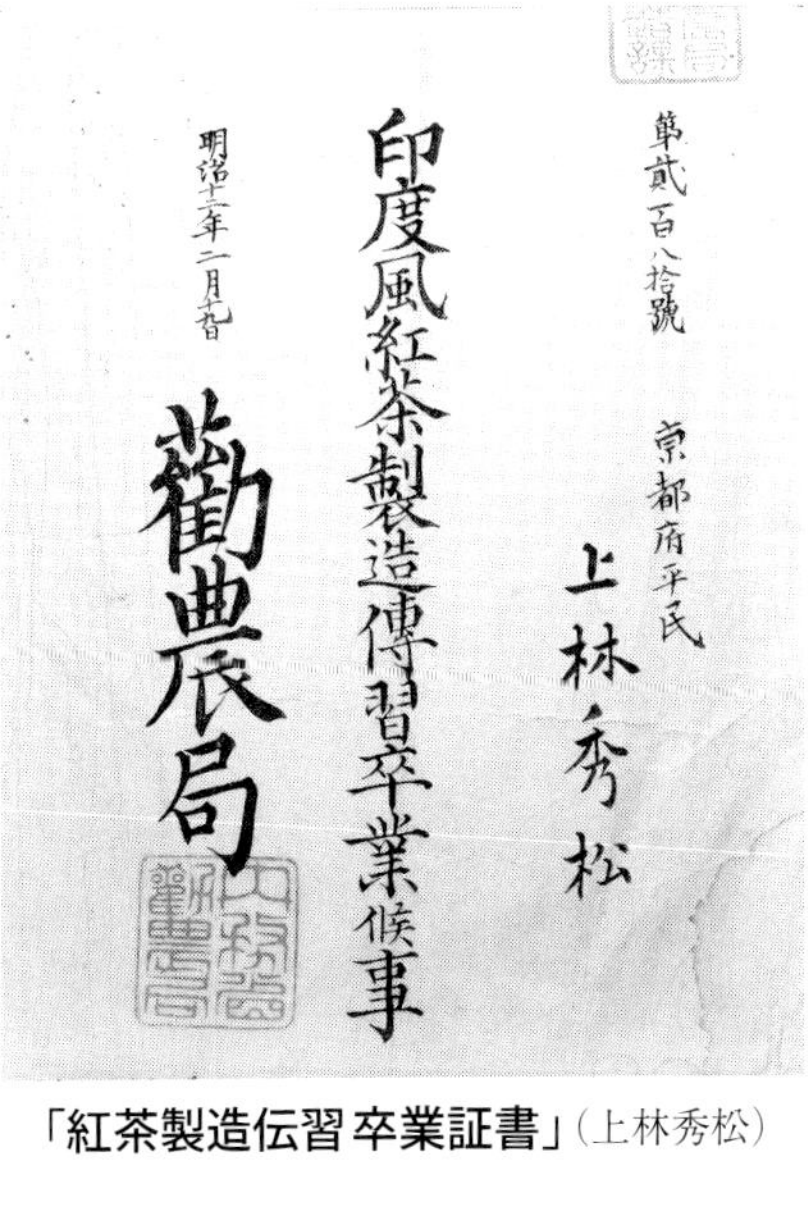

第貳百八拾號
京都府平民
上林秀松
印度風紅茶製造傳習卒業候事
明治十二年二月
勸農局

「紅茶製造伝習 卒業証書」（上林秀松）

宇治製茶記念碑の建立

現在、平等院表門前に位置する「宇治製茶記念碑」は、明治十二年(一八七九)、日本政府の勧農・商務局主催で横浜で開催された第一回製茶共進会において出品された「宇治茶」に特別賞が授与され、金二百円が下賜されたことを機に建立された。京都の茶業者たちはこの栄誉を記念し、後世に伝えるため、記念碑の建立を計画し、その発起人会を設立した。この発起人会の総代を上林三入と共に春松が務めることになり、明治十五年(一八八二)から碑竣工《しゅんこう》の明治二十一年まで、勧農局・商務局との折衝、建設基金の調達、碑石の探索・運搬、石碑の建立場所、竣工式典に至るまでに関わることになった。基金については茶産地を有する全国三十に及ぶ府県から一万円の寄付を得た。また、碑石は近辺を詮索《せんさく》した結果、多賀村(現井手町)で適した原石を見いだしたが、その運搬には種々の障害もあり、建立場所の平等院境内《けいだい》(現門前)に運ばれるまで数年を要したと伝えられている。こうした種々の難題を経ながら、明治二十一年一月二十二日に竣工式が盛大に開催されたことが当時の新聞記事に見られる。

宇治製茶記念碑(平等院門前・『京都府久世郡写真帖』1915)

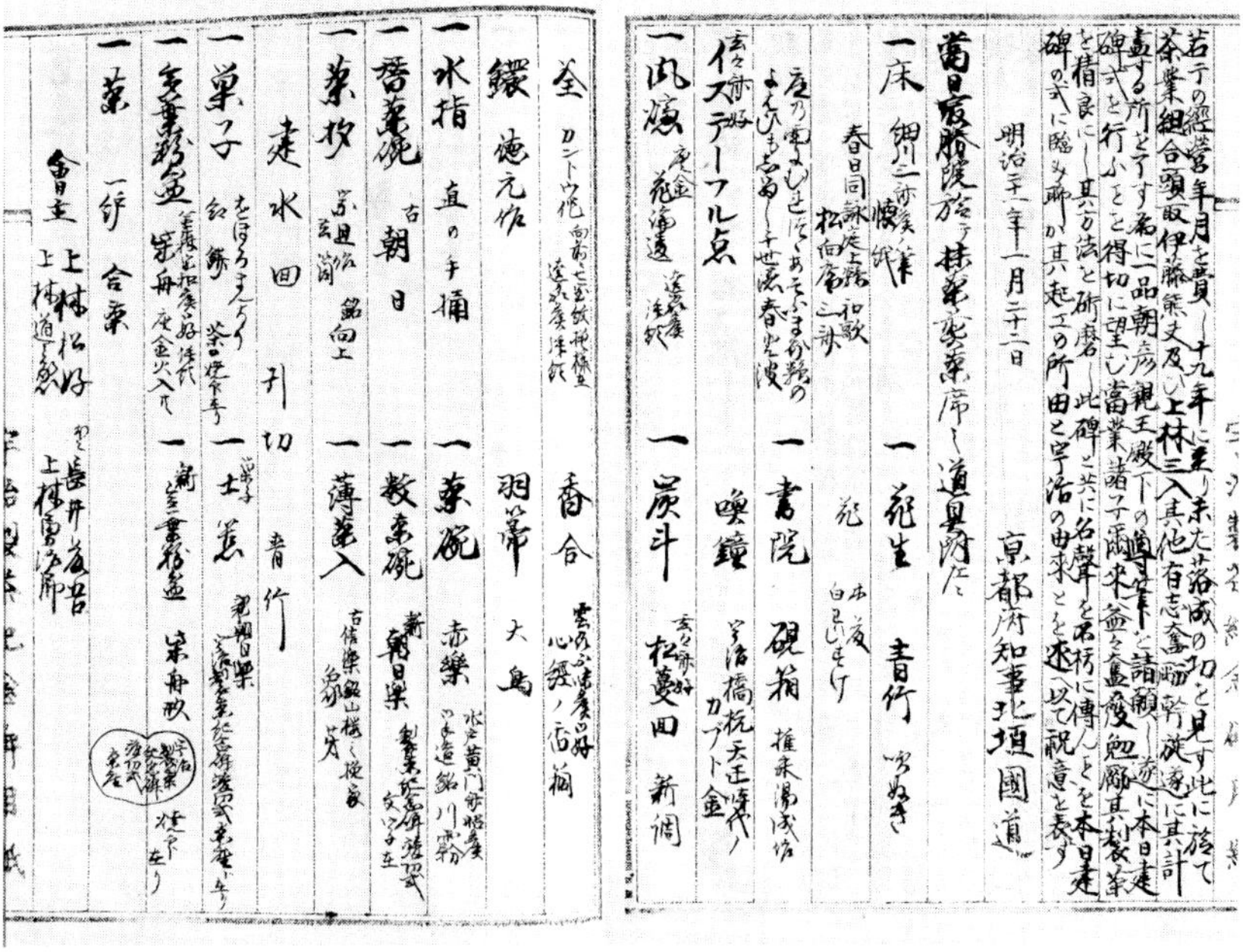

「宇治製茶記念碑建立記録」（部分）

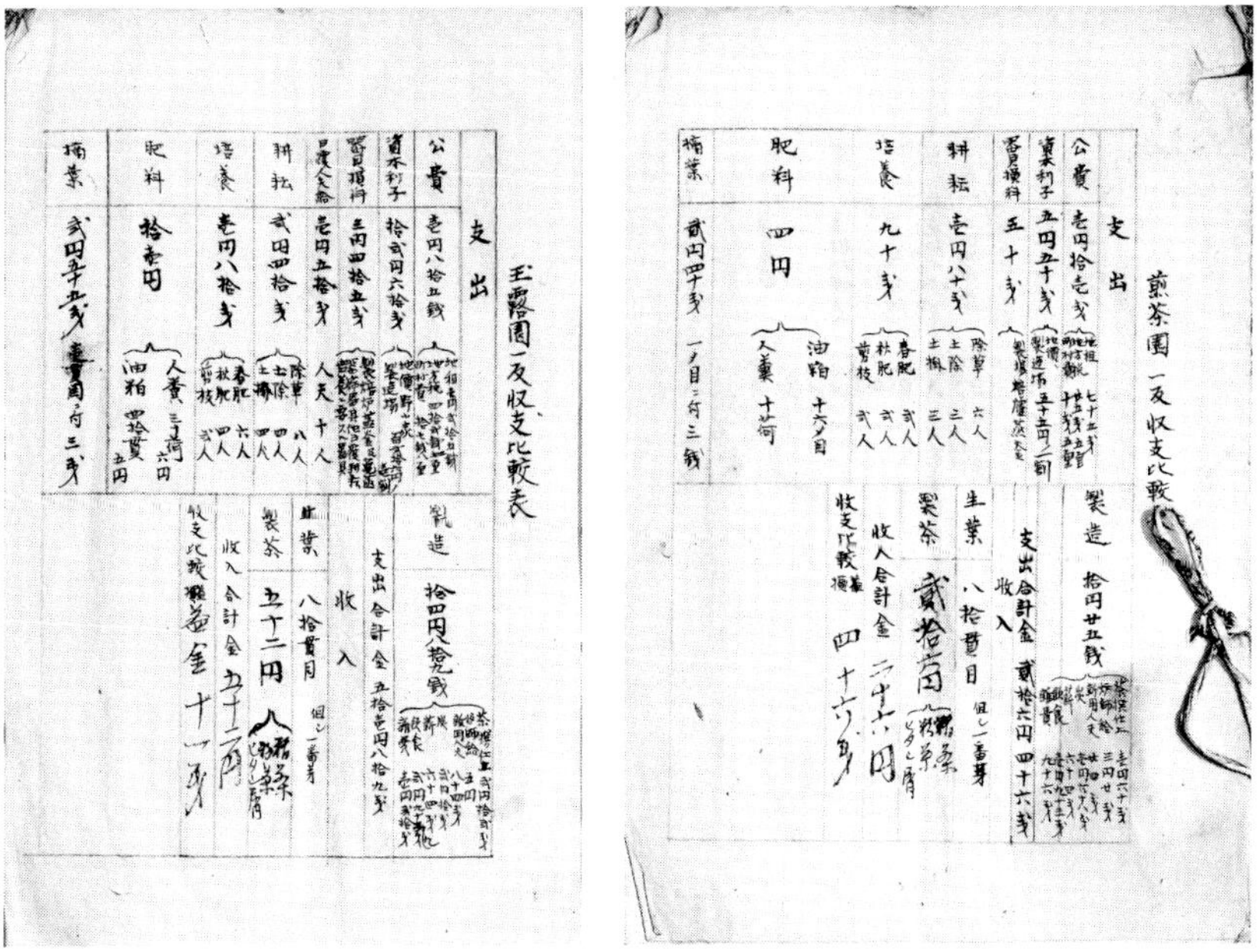

「茶園・製茶等報告書」（部分）

明治期の上林春松家

当時の上林春松家の茶の生産については、伝わっている明治十八年の政府発行の地券により、三千坪余（約九、九〇〇㎡）の茶園を所有しており、かなりの生産量があったことがわかる。

幕末から明治にいたる激動の時代に上林家を守り、茶商としての一家を築き上げた十一代春松秀利は、明治二十五年（一八九二）、五十六歳の生涯を閉じた。十二代春松を継いだ秀実は、先代の築いた茶業を引き継ぐことになる。

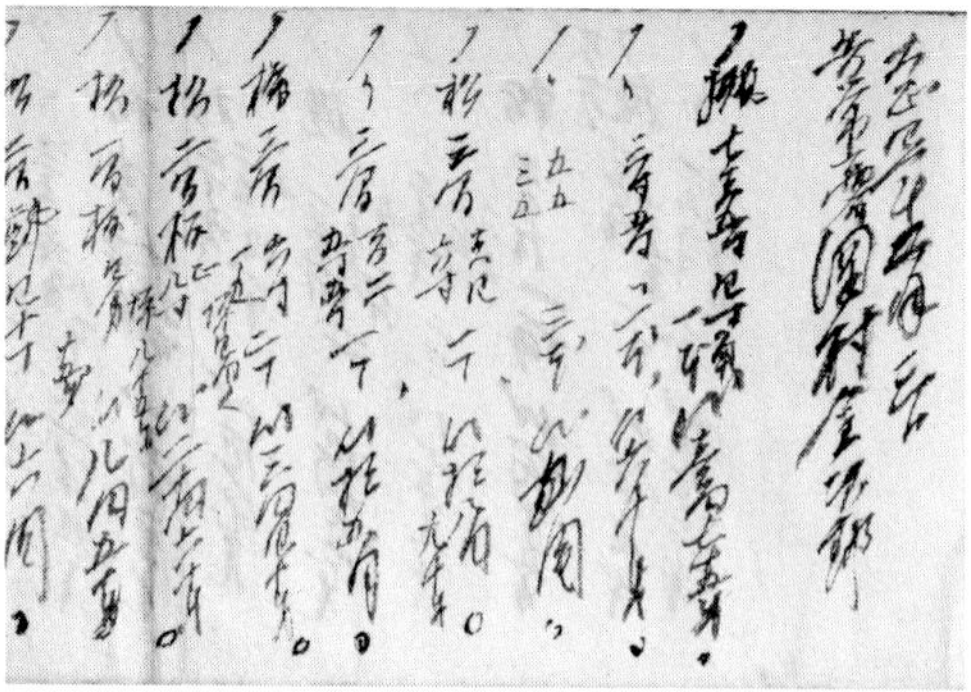

「門長屋修繕入費日記」

その発展の活路を、当時大手の商社が新しい商法として取り入れ始めた通信販売に求めた。従来の顧客はもとより、茶道家をはじめ、その愛好者、さらに、大消費地である東京を中心とした関東圏、通信販売を利用する消費者の多い北海道とするダイレクトメールの送付、地方新聞への広告掲載など、商圏を拡充するため新しい宣伝方法に積極的に取り組んだ。また、代金の受け入れについても明治三十九年に開設された郵政省の郵便振替口座にいち早く加入し、速やかな送金を図った。

こうした努力が実を結び次第に「上林春松茶舗《かんばやししゅんしょうちゃほ》」の名が知られるようになり、宇治茶商としての地位を確保することになる。

大正時代

大正四年（一九一五）、元禄末の建造物で築二百年になる長屋門の修復を行う。度重なる宇治川の氾濫による柱の腐食が著しく、修理にあたってはすべての柱に根接ぎが必要であり、また、冠水を免れるため、約三尺（約九〇㎝）の地上げを行うなど、かなりの経費を要した。伝えられる「門長屋修繕入費日記」によれば、材木等の資材に要した金額だけで約三千円の出費が計上されている。

大正時代は宇治町にとってもまた宇治茶業界においても大きな転機を迎えた時代であった。

宇治川水力発電所
（絵葉書・京都女子大学 前﨑信也研究室蔵）

明治末より計画されていた宇治川水力発電所が大正二年（一九一三）に完成し、宇治で町営電気事業が開始された。これによって豊富な電力を有した宇治町は工場誘致に取り組んだ。これには茶業者をはじめ農民や漁民の強力な反対があったが、大正十四年に日本レイヨン会社の宇治工場の設置が決定し用地の買収が始まった。上林春松家が当時所有していた宇文字・里尻・若森の茶園二千九百坪（約九、五七〇㎡）も買収された。

町の変貌とともに迎えた昭和の時代は、春松家にとっても新時代の幕開けであった。賢二が十三代春松を継承したのは大正十五年（一九二六）である。

戦中・戦後

昭和初期に端を発した戦火はその後ますます進展し、十年に及ぶ戦時下において、茶業も他の産業とともに戦時体制に組み込まれることになった。

価格統制、輸送統制、物品税の課税、増税のみならず生産量の低下にともなって需給そのものも統制の対象になり、茶業は非常に厳しい時代を迎えることになる。

また十三代春松賢二は在郷軍人の籍にあったため、当時の情勢の中で本業以外の用務で多忙を極めることになった。さらに、昭和十八年(一九四三)七月召集を受け、七十六歳の母、三十七歳の妻、十二歳の長男を筆頭に五人の子供を残してビルマ(ミャンマー)戦線に赴《おもむ》くことになった。時に春松は齢《よわい》四十歳を迎えていた。当主を留守にした春松家は家業である茶の販売を休業せざるをえなくなる。昭和二十年八月、日本の敗戦によって戦争の終結を迎えたが、春松の帰還は昭和二十一年七月であった。

さっそく茶業再開に着手したが、戦後の混乱期で古くからの得意先との連絡がほとんど取れず、ふりだしからの販路開拓を余儀なくされた。

戦前は主に消費者への通信販売による直販であったが、茶問屋として全国の茶店に卸売販売する営業形態に転換し、上林家伝来の抹茶の販売に力を入れた。また、かつての関東大震災や空襲による都市の壊滅の経験を踏まえ、広く全国を対象にすることを目標に営業活動を始めた。当時はすでに宇治においても大手茶業者の営業が活発で新規開拓には大変な苦労があったが、支援者や協力者も現れ、前途に光明が見られる

新工場のショールーム

新工場で稼動する現在の挽き茶臼

ようになったのは五年後の昭和二十六年（一九五一）を迎えた頃である。

営業基盤を充実させるため、個人企業を法人に改組、有限会社・上林春松本店を設立したのは昭和二十六年（一九五一）九月である。資本金百万円、代表取締役上林春松賢二。当初は宅地内に七五㎡の仕事場を設け、そこに製茶用の機材、抹茶挽《ひ》き上げの石臼《いしうす》十六台を置くという小規模な出発であった。

初年度は寡少《かしょう》であった業績も年々向上し、設備の充実に迫られ、昭和三十八年に八〇㎡の工場を建築、製茶機械も新機種を導入し、茶臼《ちゃうす》も当初の十六基から三十二基に増設した。

順調に業績を伸ばすにつれ製茶加工工場が手狭《てぜま》になり、加えて本店所在地の道路が狭く、原料（荒茶）の大型車両による搬入・出荷に支障をきたすようになった。幸い宇治市内に好適地を取得することができ、昭和四十三年（一九六八）、現在本社工場がある一、七〇〇㎡の宇治蔭山九番地に工場を建設した。

この年、代表取締役上林春松賢二が取締役会長に、上林秀章が代表取締役に就任。資本金を五百万円に増資した。

当初は製茶工場一棟、冷蔵倉庫を含む倉庫一棟と包装出荷作業場三階建て一棟を建立、抹茶工場のみ本店に残し新工場に移転した。時を経ず製茶工場を鉄筋二階建てに改築、冷蔵倉庫も新築し、それまで本店に残されていた抹茶工場を新工場の二階に移設、挽き茶臼も五十四基に増設した。こうした設備投資によって生産体制の充実を見ることができた。

これを機に改めて営業方針を再考し、従来の消費地の茶店へ供給する産地問屋に加え、新たに百貨店等を通じた消費者への直接販売に進出することを模索した。その矢先、高島屋京都店から出店の要請があった。昭和五十年（一九七五）のことである。昭和五十四年には京都物産協会（京都のれん会）に入会し、全国の百貨店で開催される「京都物産展」に積極的に出店する。

同年二月、取締役会長上林春松賢二逝去。十月、上林秀章が十四代春松を襲名した。

昭和五十五年（一九八〇）、伊勢丹新宿店、浦和店、松戸店に出店し、関東圏に拠点を持つことになる。平成九年（一九九七）には、JR京都伊勢丹開店にともない出店した。

平成十二年、宇治市の道路拡張により一部を隣接地に移転、敷地面積二〇八五㎡となり、二階建ての新工場棟と四階建ての作業・事務所棟を新築した。新工場の二階に抹茶の仕上げ加工場を拡充し、挽き茶臼も百二十四基に増設、また、抹茶工場に見学ルームを併設し宇治の産業観光の一端を担うこととなった。一階正面にはショールームも開設した。

宇治・上林記念館の創設

昭和五十年（一九七五）、上林春松本店の全ての業務が新工場に移転し、永らく店舗、事務所または出荷業務に当てられていた長屋門及び隣接の建物が空くことになった。長屋門は元禄年間の建造物であり、小屋と称している建物も江戸時代から伝わる古建築物で、共に永年にわたり手入れが行き届かず、老朽化が見られ、修復の必要に迫られていた。

また、これを機会に、当主十三代春松のかねてよりの念願であった、上林家に伝わる数多くの宇治茶に関する古文書や諸記録、製茶図、当時の茶人の消息等を公開できる「宇治茶の資料館」を開設することも目的として、修復工事を計画した。

歴史的な建造物であるため、施工に当たり管理技師の選任、工事を請け負う古建築専門の建築家、さらにはそれに要する資金の調達等の諸問題に当面することになる。早速、専門家の綿密な調査の結果、早急に改修の必要があることを認められ、工事担当者の紹介や工事資金の調達に関する斡旋《あっせん》を受けた。改修工事の設計・管理については、京都環境計画設計研究所所長の西尾信広氏、工事施工については、数多くの社寺など古建築の改修工事の経験豊かな伸和建設に依頼することに決定、昭和五十二年(一九七七)四月に着工、完工は翌五十三年二月で、要した工費は

日本遺産認定証

◇宇治茶文化の日本遺産認定

平成二十七年四月二十四日、文化庁が認定した日本遺産に、京都府南部の宇治市など八市町村の「日本茶800年の歴史散歩」が選ばれた。

対象となったのは、宇治市、城陽市、八幡市、京田辺市、木津川市、久御山町、井手町、宇治田原町、笠置町、和束町、精華町、南山城村の、製茶に関わる景観・文化遺産である。以下、文化庁提供の資料より概観する。

この地域は、約八百年間にわたり最高級の多種多様なお茶を作り続け、日本の特徴的文化である茶道など、我が国の喫茶文化の展開を生産・製茶面からリードし、発展をとげてきた歴史と、その発展段階毎の景観を残しつつ今に伝える独特で美しい茶畑、茶問屋、茶まつりなどの代表例が、優良な状態で揃って残っている唯一の場所である。

文化財の名称として以下があげられている。黄檗《おうばく》山萬福寺門前の「駒蹄影園跡碑」、「奥ノ山」茶園、興聖寺、茶陶「朝日焼」、白川地区の茶畑、稲八妻医師茶園、中宇治の街並み、宇治川、宇治橋、通園茶屋、橋寺放生院、黄檗山萬福寺、永谷宗円生家、湯屋谷の茶畑・茶農家・茶問屋の街並み、湯船・原山の茶畑、海住山寺、鷲峰山金胎寺、流れ橋と両岸上津屋・浜台の「浜茶」、飯岡の茶畑、多賀の「森の茶園」、童仙房・高尾・田山・今山の茶畑、上狛茶問屋街、石寺・白栖・選原・釜塚の茶畑、笠置有市の茶畑・索道台跡、宇治神社、宇治上神社、宇治茶手もみ製茶技術、名水汲み上げの儀、茶壺口切の儀、茶筅塚供養の儀、京都府立木津高等学校附属茶園・製茶工場、京都府茶業研究所附属茶園。なお、宇治・上林記念館は中宇治の街並みに含まれる。

宇治・上林記念館長屋門(右)東隣に開店した直営小売店

二千五百万円であった。完工にともない、かねてより計画していた宇治茶の資料館の開設が実現する運びとなる。

「宇治・上林記念館」と名付けられた会館の小屋には焙炉《ほいろ》などの茶の製造に用いられていた用具、江戸時代の宇治茶生産工程の絵図、石臼等、抹茶に関する諸道具を、また、長屋門二階には、上林竹庵像、葉茶壺作法の説明、呂宋《るそん》壺、豊臣秀吉の書状、古田織部・小堀遠州ら当時の茶人の消息等を展示して、宇治茶と宇治茶師の歴史を、当時の茶師に由来する建物と共に公開している。

ちなみに、「茶師の長屋門」をはじめ、上林春松家の建造物は、平成二十一年(二〇〇九)文化庁により「宇治の重要文化的景観」に選定され、また、平成二十七年には、「日本茶８００年の歴史散歩」構成文化財として文化庁の日本遺産の認定を受けた。

平成二十九年三月、茶室の露地庭が京都府指定名勝に認定。さらに、現在京都府では、葉茶の栽培を行う覆下茶園・露地茶園、荒茶製造を行う茶工場、仕上茶製造と合組《ごうぐみ》を行う茶問屋からなる特有の景観を「宇治茶の文化的景観」として、世界遺産認定をめざしている。

AKAGANE RESORT Salon de KANBAYASHI の外観と内部

温故知新

平成十六年（二〇〇四）十月、上林春松秀章が代表取締役を辞任して取締役会長に、上林秀敏が代表取締役に就任し、会社も新時代を迎えることになる。茶業をとりまく環境は決して順調とは言えず、歴史ある老舗《しにせ》といえども従来の慣習からの脱皮、革新を迫られる時代である。

平成十八年、日本コカ・コーラよりペットボトル入り緑茶の開発協力の打診を得、平成十九年十月に上林春松家に伝わる「綾鷹《あやたか》」の名を冠《かん》して発売が開始された。

平成二十二年三月、かねてよりの念願であった本店直営の小売店を長屋門の宇治・上林記念館東隣に開店し、地元消費者、観光客を対象に営業を開始する。

平成二十七年四月、バリューマネジメント株式会社が手がける AKAGANE RESORT KYOTO HIGASHIYAMA 1925 の敷地内にある蔵で「Salon de KANBAYASHI（上林春松本店）」をオープンした。日本茶の啓蒙を目的にゲストが自ら急須で淹れる体験型カフェとなっている。

「温故知新」を社是《しゃぜ》とし、移りゆく環境に即応した商法を積極的に取り入れながら、一方で脈々として受け継がれている数々の伝統も大切に守り続けている。その一つに、毎年茶道裏千家今日庵宗家で十一月十九日に営まれる元伯宗旦忌に、当主が裃《かみしも》に身を正し、利休御祖堂へ御茶壺を供える古例がある。上林春松家に伝わる大事な行事である。

培われてきた伝統を守り、また、長い間上林を育て導いていただいたお得意様を大切にしながら、これからも淀みなく新しい商機をめざして、さらに歴史を積み重ねてゆくことを社訓としている。

宇治・上林記念館

宇治・上林記念館 館内（1階）

《コラム》宇治・上林記念館（抜粋）

林屋辰三郎

宇治は、天領と御茶師の町であった。その町を代表するのは、宇治郷代官であり御茶師の頭取である上林家であった。豊太閤のころ上林掃部は、千利休の点てる茶を造ったのである。そして掃部久重の弟竹庵が慶長五年伏見城で軍功を挙げたところから、その家流において上林一族が、交互に御茶師の支配に当たることになったという。

宇治の歴史は古い。古代は応神天皇の離宮があり、王朝には平等院鳳凰堂が営まれ、中世には山城国一揆の議場ともなったところ。その波瀾の歴史と明媚な風光を併せもって、近世いらい京を訪れる人々が必ず訪れる名所の地として、現在に至っている。

その宇治の上林家において、祖先伝来の重宝を公開するために、歴史的記念物である「茶師の長屋門」を活かし、「宇

宇治・上林記念館館内（2階）

治・上林記念館」を設立した。禁裏・幕府や大名家に茶を運んだ呂宋渡りの嶋物茶壺の数々は、そのうちに風雅な銘もあって、当時の茶壺の親しみを感じさせ、ふかい興味をそそられる。また利休・織部・遠州などの茶匠からとどけられた消息のさまざまは、茶を愛した人々の素直なこころを伝えて、きわめて感動的である。

（はやしやたつさぶろう・歴史学者）

出雲楽山焼釘彫伊羅保茶碗

呂宋四耳茶壺「清香」印

看板

常夜灯

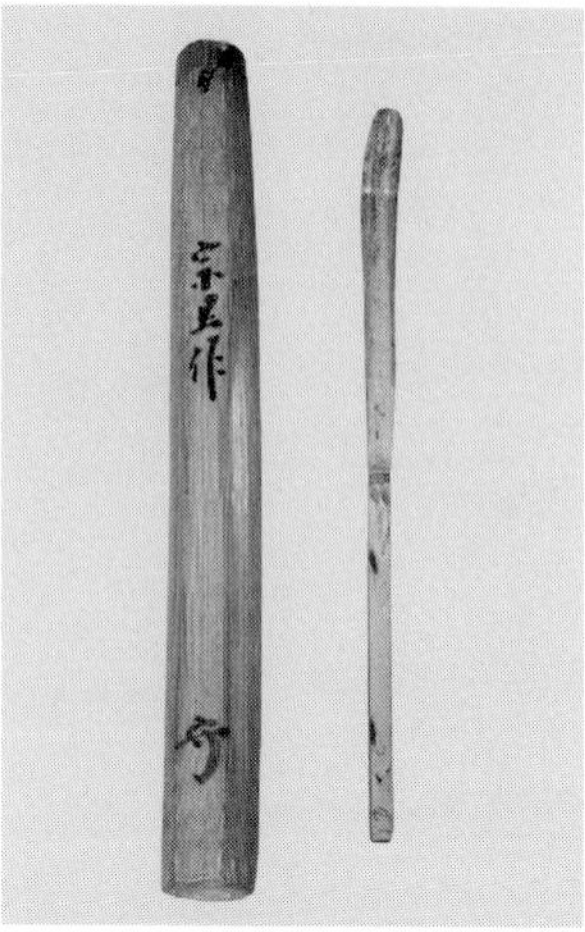

竹茶杓　千宗旦作　一翁宗守（宗旦次男）筒

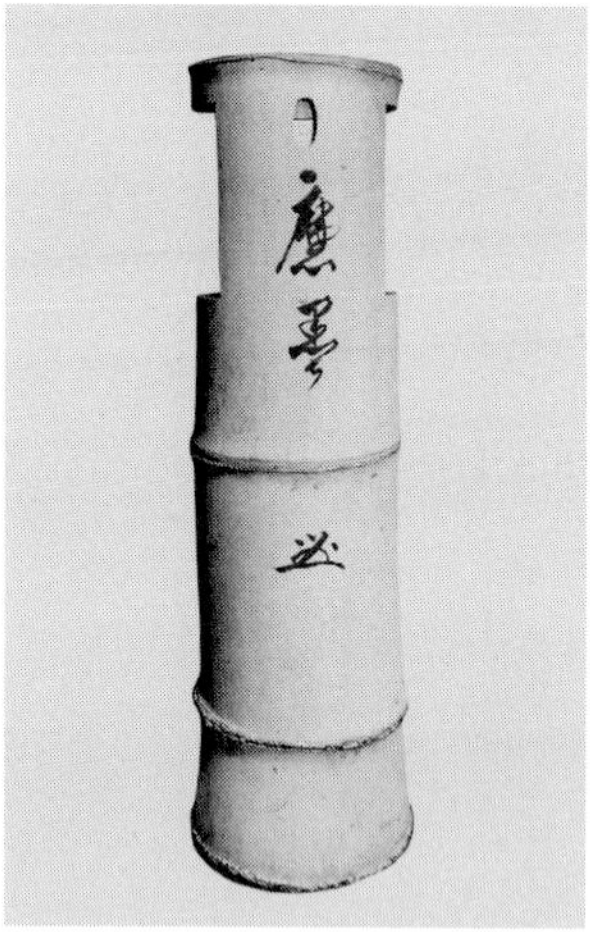

竹一重切花入　銘「磨墨《するすみ》」（裏側）
（尾張徳川家12代）徳川知止斎（斉荘）作

宇治・上林記念館

〔所在地〕〒611-0021 宇治市宇治妙楽38〔電話〕0774-22-2513〔FAX〕0774-22-4962
〔HP〕http://www.shunsho.co.jp
〔見学可能日時〕定休日（金曜日・8月13日～16日・12月30日～1月5日）以外の10:00～16:00
〔見学可能人数〕説明付きの場合は約20名〔対応可能言語〕日本語のみ（英語・中国語のパンフレットあり）
〔入館料〕200円〔交通アクセス〕JR奈良線宇治駅・京阪電鉄宇治駅下車徒歩5分
〔展示内容〕元禄年間に建てられた長屋門、当時使われた製茶道具や茶壺、製茶図、代々の当主に宛てた茶人の書状や茶師に関する古文書など。

上林家の歳時記

宇治茶商の一年

江戸時代まで幕府や諸大名の手厚い庇護のもとで育てられてきた宇治茶であり、その御用を勤めた宇治茶師であったが、明治になって、そうした利権すべてを失うことになった。

しかし、すでに宇治茶の名称は日本の津々浦々に識《し》られるほど有名であった。幕府、大名といった有力な得意先を失った茶師たちは、広く一般庶民に宇治茶を販売する茶商に転身、幕末から明治初期の宇治で相次いで創生された新製品である煎茶・玉露を扱い、その販路を全国に広げてゆくことになる。

◇4月

茶業界の一年はその年の茶摘みが見られる四月に始まる。

茶の収穫時期は、昔に比べてずいぶん早くなったと言われているが、これは有利な商業を行うためになされた、栽培方法の工夫や品種の改良などの結果で、いわば生産者の努力の賜物である。

昨今の茶業は、茶園での茶の栽培と摘採、荒茶の製造に携わる農家

文部省唱歌「茶摘み」

夏も近づく八十八夜
野にも山にも若葉が茂る
あれに見えるは茶摘ぢゃないか
あかねだすきに菅の笠
日和つづきの今日此の頃を
心のどかに摘みつつ歌ふ
摘めよ摘め摘め摘まねばならぬ
摘まにゃ日本の茶にならぬ

*初夏の茶摘みの光景を歌った歌で、明治四十五年(一九一二)刊行の「尋常小学唱歌・第三学年用」として発表され、平成九年(一九九七)に「日本の歌百選」に選ばれている。八十八夜は立春を起算日として八十八日目にあたる。現在なら五月一〜二日に当たる。この頃から晩霜もなくなり、農家では種まきや茶摘みに忙しくなる。

と、その荒茶を加工し、商品として仕上げて販売する茶商とがそれぞれの役割を分担しており、茶商の一年は農家によって生産された荒茶を調達することから始まる。

茶は農産物なので、その年の気候によって収穫時期や作柄が異なるが、消費者に安定した品質の茶を提供するために、この時期の荒茶仕入れは一年の品質安定を決める最も重要な仕事といえる。

さらにそれぞれの茶師・茶商の真価が問われるのは調達した茶の仕上げ加工の技術である。

先にも記したように、同じ茶園でも年により作柄が変わるため品質の差異があるが、消費者に安定した品質で届けるためには、この仕上げ加工の技術により常に一定の品質の茶に仕上げる必要がある。各茶師や茶商によってその方法は様々であるが、当家の場合は、まず類似した品質の茶のみで仕上げ加工し、商品になる手前の原料として保存する。

その後「合組《ごうぐみ》」(カバーの袖参照)という幾つか別々の個性をもった原料を組み合わせる作業を行い、それぞれの商品を安定した品質に仕立てていく。多くの茶師・茶商が同様の方法をとっていると思われるが、経験によって養われた技術であり、その違いが各屋号の特徴になり、

製茶記念式典 茗魂祭
（製茶記念碑前・宇治市商工観光課）

全国茶品評会

顧客の確保にも繋がる。この作業は、一年を通して行われるが、新茶の収穫時期である四月中旬から六月中旬にかけて最も集中する。

この時期には、北野天満宮や平安神宮に新茶を奉納し、また、宇治上神社には献茶式において新茶を奉納している。

◇7月
初夏以降は、かつて茶業関係者にとって比較的落ち着いた時期とされていたが、昨今は茶の清涼飲料水やその他加工食品にも緑茶を使用するため、その原料の調達や加工・販売に追われる時期となる。また、空調の整備などで生活環境が変化したこともあって、一定の緑茶の需要もあり、かつてほどの閑散期とはいえない。

◇10月
茶の湯の世界では、秋は、各地で催しが盛んに行われる時期である。

かつての口切の御茶事の名残から、各地の茶の湯関係者から茶壺への壺詰めの依頼が殺到する。これは、現在でも上林春松本人が行わなければならないため、他のだれも代わりをすることはおろか、手伝うことさえ許されない。いわば現在継承されている数少ない茶師本来の姿

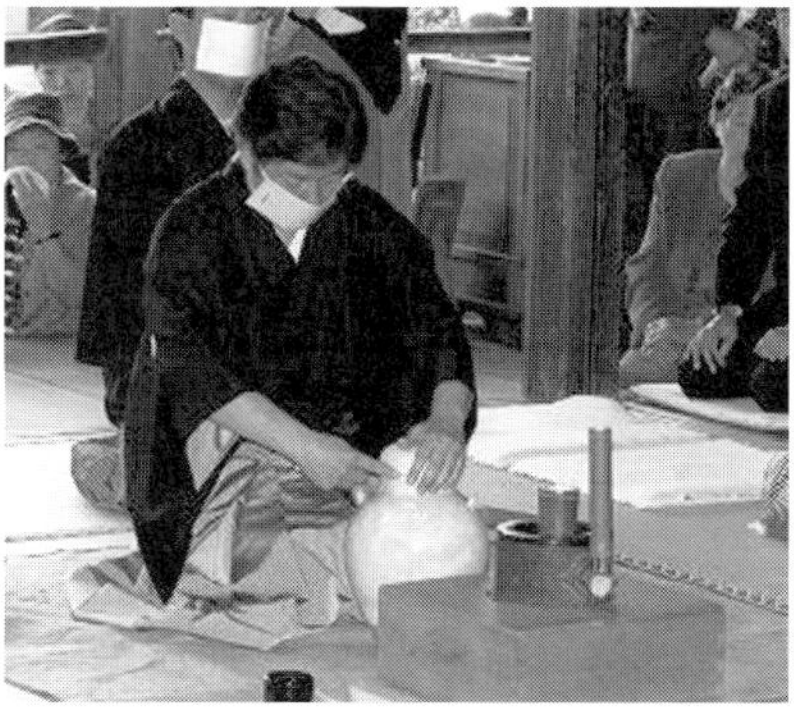

宇治茶祭り口切りの儀（興聖寺）

宇治茶祭り 名水汲み上げの儀
（宇治橋三の間・宇治市商工観光課）

といえる。

同時に宇治は古くからの茶の産地であるため、近隣の神社や仏閣では、茶を供え参拝する献茶式が行われる。

十月一日は、宇治茶業関係者が集い、滞りなく茶業が進捗《しんちょく》していることを先人に報告し感謝を表す「製茶記念式典」が、平等院門前に建てられた製茶記念碑の前で執《と》り行われる。

同じく十月の第一日曜日には、宇治川畔一帯で「宇治茶祭り」が盛大に開催される。製茶記念式典と同じく、中国から日本に茶を伝えた栄西や、宇治に茶園を開いた明恵、また茶の湯の始祖である千利休の三恩人への報恩感謝の催しである。かつて豊臣秀吉が宇治川の水を汲んで茶会を開いたと言い伝えられていることから、「名水汲み上げの儀」で宇治橋三の間から水を汲み上げ、献茶される興聖寺まで運ぶ。そして、仏前に供えられていたその年の新茶を「口切りの儀」で御茶壺から取り出し、その茶を石臼で抹茶に挽き上げ、宇治橋三の間で汲まれた名水の湯で表裏両千家が茶を点て、建仁寺僧侶の読経のなか仏前に供える。その後、興聖寺門前に設けられた茶筅塚の前で「茶筅供養の儀」が執り行われる。興聖寺僧侶の読経、参列者の焼香のあと、碑の側に設けられた火炉に役目を終えた茶筅を献げて供養をし、茶道の振興を祈願する。

◇製茶記念日 歴史メモ

昭和五年（一九三〇）に宇治で開催された関西地区茶業会議所会頭会議において、京都府茶業会議所が、天正十五年（一五八七）に豊臣秀吉が北野大茶会を催した十月一日を茶業記念日と定め、茶業振興を図ろうという提案をした。

こうした記念日の制定を望む声は各地の茶業界にもすでにあり、昭和七年に石川県金沢市で開催された全国会頭会議に提案され、審議の結果、全国茶業記念日を十月一日とすることが決定され、全国各地区でその土地特有の方法により記念事業を施行することが決議された。

宇治においては、当時の久世郡茶業組合と共に、昭和七年（一九三二）十月一日に第一回茶業記念祭が挙行された。「宇治塔の島で日本初めての茶祭」と報じた『京都日出新聞』は、「式典終了後は、同町各製茶業者の趣向をこらした祝賀の山車《だし》十数台が、祇園からの稚児《ちご》三十名を先導に塔の島を出発、町内を屋台で姐さん被りの茶摘女の姿も美々しくねり廻り、午後二時からは塔の島に設けられた余興場で同町の古典的趣味豊かな宇治茶摘踊、万歳、落語その他の余興あり」と、その賑わいの様子を伝えている。

その後も宇治においては、中宇治地区では宇治茶記念碑前で、東宇治地区では駒の蹄影碑前、また西宇治地区では玉露発祥之碑前において、毎年十月一日に茶業の先覚者に対する報恩感謝と茶業の発展を祈願して祭事を行っている。

◇宇治茶祭り 歴史メモ

茶業関係者のみで開催されていた茶業記念事業を、宇治と宇治茶の宣伝のため、茶業関係団体に加え、宇治市、宇治商工会議所、宇治観光協会が共催して「宇治茶まつり」が始められたのは昭和二十六年（一九五一）であった。茶を中国から我が国に招来した栄西禅師、宇治に初めて茶園を拓いた明恵上人、茶道の先人千利休の宇治茶三恩人への報恩感謝と歴代の功労者の偉績を追慕するのが趣旨で、当初は茶業記念日の催事の後に開催されていたが、多くの参加者を見込んで十月の第一日曜日の開催に改められた。第十四代上林春松は、宇治茶祭奉賛会会長を平成十二年より同二十三年まで十二年間務めた。

茶筅塚（興聖寺境内・宇治市商工観光課）

茶の湯には欠かせない茶筅に対する感謝を表し、供養を厳修する茶筅塚が、宇治茶祭奉賛会によって興聖寺の境内に建立されたのは、昭和三十九年（一九六四）である。石碑は宇治川の支流である志津川から採掘された宇治石で、高さ一六四cm、最大幅一一五cm、奥行六八cm、表面には建仁寺管長・竹田益州老師の揮毫《きごう》による「茶筅塚」の文字、背面には、表千家・千宗左（即中斎）家元による「謝茶」、裏千家・千宗室（淡々斎）家元による「抛筅《ほうせん》」の文字が刻まれている。

宇治茶祭り茶筅供養（興聖寺茶筅碑前）

宇治茶祭り茶筅供養（興聖寺茶筅碑脇）

茶壺奉献祭・神嘗祭（平安神宮本殿）

この日は全国から多くの観光客が宇治を訪れ、口切りの儀をご覧になったり、宇治の各地で設けられている茶席や宇治の散策を楽しまれる。

十月十七日は、平安神宮で茶壺奉献祭・神嘗祭があり、早朝より宇治市の縣神社で茶壺のお祓いを行い、平安神宮に運ばれ本殿において口切りの儀が執り行われる。上林春松本店でも代表が身支度を整え参加する。

◇11月

十一月五日には、縣神社で抹茶の献茶式があり、宇治茶の恵みに感謝を捧げ、茶業発展を祈る。口切の儀式が行われ、家元が献茶をする。使用の御茶は宇治茶商工業協会宇治支部が奉献し、参列する。

長屋門の正月飾り

松好庵での初釜

壺詰めと同様に、上林春松家が茶師として継承する仕事の一つに、毎年十一月十九日千宗旦の命日に裏千家で催される「宗旦忌」に、御茶壺を献上する儀式がある。この日は早朝から準備を始め、当主が裃《かみしも》を身にまとって、茶を詰めた茶壺を上林家から今日庵の利休御祖堂までお届けし、季節の引き出物と一緒にお供えをするという、非常に厳《おごそ》かで緊張感のある儀式である。

◇12月

初秋から冬にかけては茶の消費が伸びる季節で、歳暮商戦とも重なるこの時期は、商品の準備や広告宣伝の企画など、一年で最も繁忙な時期にあたる。

◇1月

正月を迎えると、各家元及び茶の湯関係者の間で、初釜といわれるその年初めての茶席が設けられる。上林春松家は、それぞれのお家元から茶銘をいただき、初釜の際にはそれぞれお好みの茶をお使いいただくことが多い。それらの茶を準備するとともに、初釜の茶席にご招待いただき、新年のご挨拶をする。

◇2月

二月から四月半ばにかけては端境期《はざかいき》で新茶を待つ季節となる。工場の掃除や機械のメンテナンス、それぞれの産地や茶農家との情報交換などを行い、来たるべき新たな一年の始まりである新茶期を迎える準備を始める。

今日、食品の安全や衛生、さらに健康上の効能に消費者は大きな関心を持っている。これは我々が扱う緑茶も決して例外ではなく、そのため製造方法や設備等には非常に気を使うところである。

古くからお茶の産地である宇治では、永年伝わる歴史や文化を守りつつ、こうした消費者の嗜好の変化や期待にも応えていく必要があると考えている。

茶師の仕事場

茶師の仕事場を拝見場《はいけんば》と言う。茶商の心臓部分に当たる拝見場では、お茶の仕入れ、全商品の拝見（審査や検査）、そして合組作業（ブレンド）を行う（カバーの袖参照）。

拝見場の壁は、北側に面して傾斜しており、その上部は天井窓となっている。天井窓以外の光はすべて遮断することができる。唯一、一日を通じて直射日光の入らない北向きの天井窓から取り入れた自然光は、傾斜した壁に反射し、拝見台に光をもたらしてくれる。時間を問わず、同じ環境で吟味することができる拝見場には、電灯のなかった時代の先人の知恵が窺える。

傾斜した壁とそれに沿って設置された拝見台の色は、つや消しの黒で統一されている。壁や拝見台がつや消しの黒で統一されているのは、茶の緑色を識別するのに最も適していると言われているからである。そして、茶を入れるお盆の「拝見盆」もつや消しの黒に統一されている。

唯一黒でないのは「拝見茶碗」だが、これはお茶の液色（水色《すいしょく》）を見る茶碗のため白色で、容量を均等にするために同じ大きさに統一されている。

この拝見場（カバーの袖参照）で茶を検査・審査する一連の作業を「拝見」と言う。拝見場の設備や道具にすべて拝見という言葉が使われるのは、生産農家や茶に敬意を払い「拝見させていただく」という想いが込められているからである。

茶詰めの作法

代々上林春松に受け継がれている斯業の一つに「葉茶壺詰め」がある。お茶の製造・精製以外の大切な仕事であり、かつて宇治御茶師が毎年新茶の頃に届く将軍家の御用茶壺や諸大名・茶人から預かる御茶壺に碾茶《てんちゃ》（抹茶に碾《ひ》く前の葉茶）を詰めたなごりである。春松家では、毎年十月になると口切の御茶事をする茶人の要望に応えるため、当主春松自ら伝承された技法で碾茶の壺詰めを行う。

茶詰めは、まず美濃紙を裁ち茶袋を作ることから始まる。茶袋ははじめ奉書紙を用いていたが、上林徳順が駿府で徳川家康にお目通りした際に、奉書紙では茶が湿りやすいので美濃紙を用いるよう命じられて以来、現在でも美濃紙を使用する。

茶袋には、底部に封印を、合わせ目に「極上」の文字をいれ、また、それぞれの袋に茶銘が記される。元々二〇匁（約80g）の葉茶を入れていたが、千利休の頃に一〇匁ずつ入れるように改められ、半分という意味か

ら半袋《はんたい》と呼ばれるようになった。濃茶用の極上碾茶を半袋に詰め、詰茶と呼ばれる葉茶を入れた壺に袋茶を固定する⑵。さらに詰茶を口まで入れて⑶、桐製の蓋をし、壺口に和紙の封紙を貼る⑷。その天部に詰主の封印を捺し⑸、美濃紙に柿渋を拭いた覆いを被せ、紙縒《こよ》りを三つ編みにした締緒で結ぶ⑹。こ

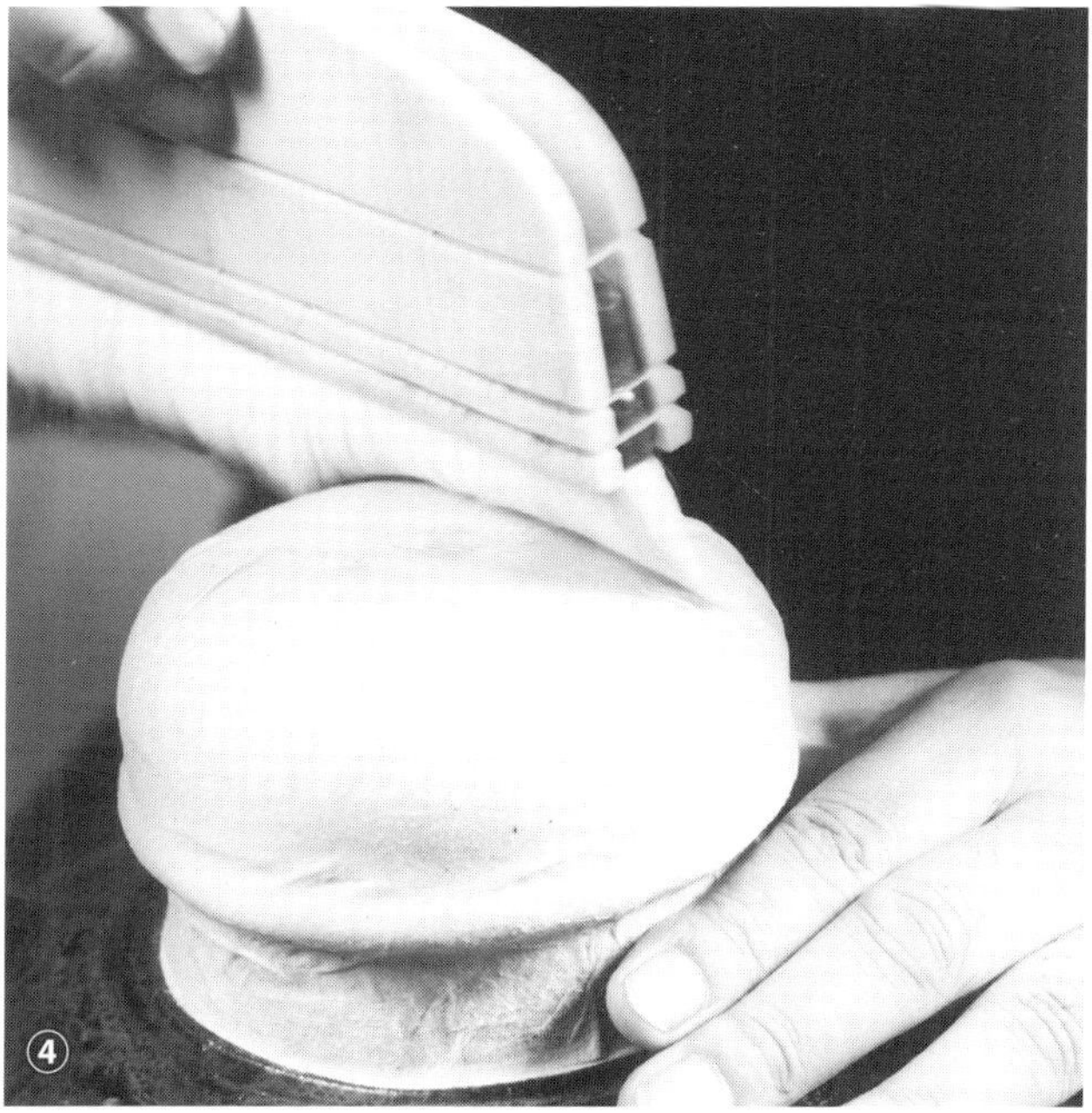

④

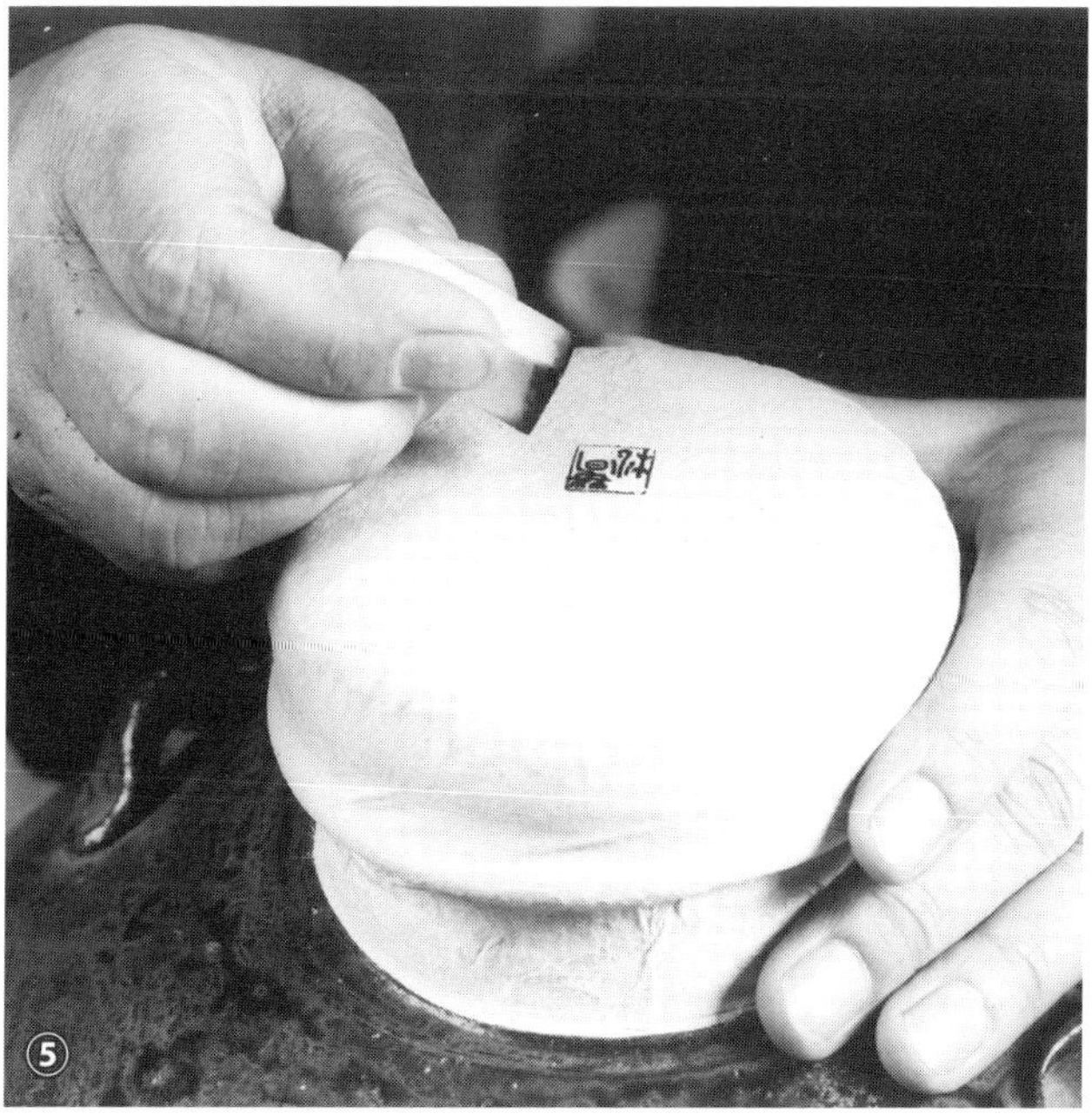

⑤

れは、届けるまでに開封されたら形跡が残るように工夫したもので、今でも厳重に封をする。

葉茶を詰めた茶壺は木箱に納め、箱蓋の裏には壺の内容を記した「入日記《いりにっき》」を貼り付ける（⑦）。そこには茶銘、摘みとられた日、数、詰茶の量と壺詰めの茶師の氏名が記される。

茶師家当主の重要な仕事である。

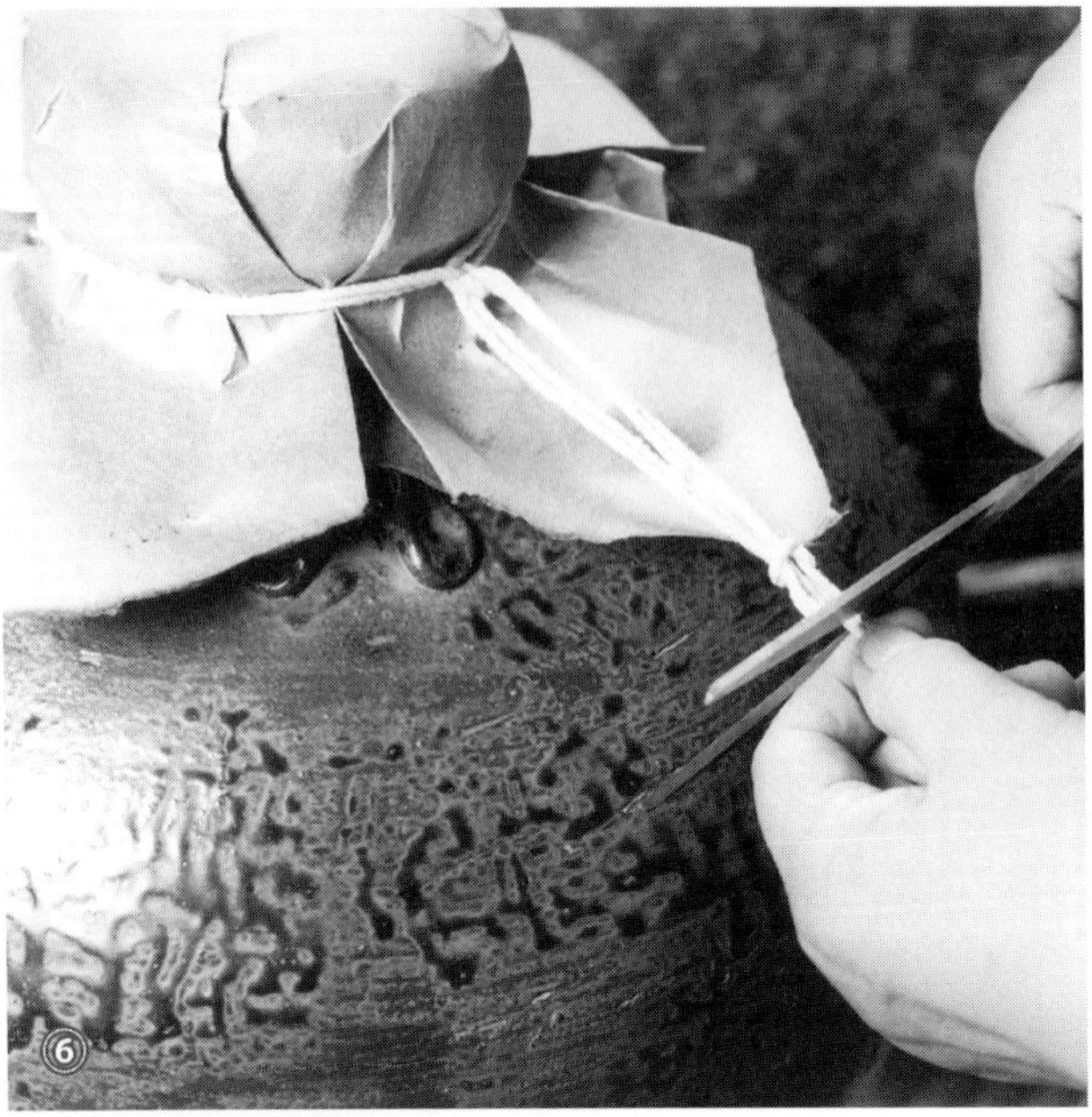

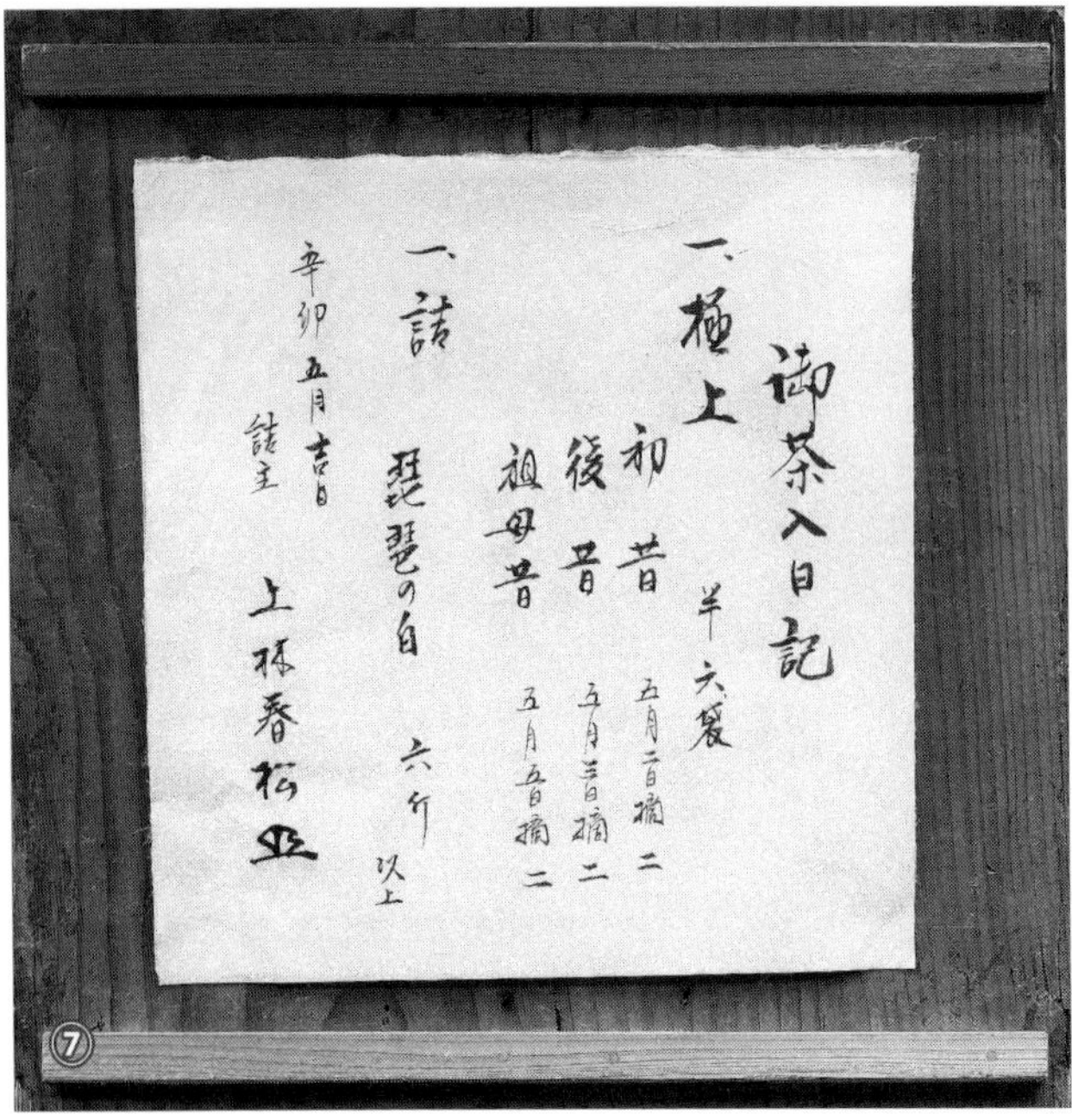

お茶の話

抹茶のできるまで

抹茶は、その原料となる「碾茶《てんちゃ》」を石臼で微粒子に粉砕したものであり、碾茶は原則的には、「覆下園《おおいしたえん》」といわれる茶園で栽培される。覆下園とは、伝統的な「本簀《ほんず》被覆」と言われる方法で遮光した茶園であり、新葉が一、二枚芽吹いた四月中旬から下旬にかけて、葭簀《よしず》と呼ばれる葭で編んだすだれで茶園全体を覆い被覆を始める。初期の七日〜十日間は、55〜60％程度の遮光を施し、それ以降の十二日〜十五日間は、さらによしずの上に藁《わら》を均一に敷き詰め、95〜98％まで遮光を上げる。

覆下茶園での茶摘

収穫適期は被覆開始から二十日〜二十五日程だが、気候条件などにより生育が一定ではないため、硬化や葉の色などで生育状況を見極め、生産者の判断で適時に収穫される。本格的な碾茶には、手摘みで採取した一番茶のみが用いられる。

収穫された生葉は、切れ葉や細かい葉を除去してから、蒸気で10〜20秒間蒸す。蒸す時間は、品質に大きく影響するため、時間や温度の調節は生産者の経験や技術に委ねられる。蒸された葉は、散茶と呼ばれる工程で、送風機によって5〜6mの高さまで吹き上げ、水分を除去しながら冷却される。これを、四〜五回繰り返したあと、乾燥炉のベルトコンベアに散布される。

乾燥炉内には上・中・下三段のコンベアがあり、まず荒乾燥といわれる下段

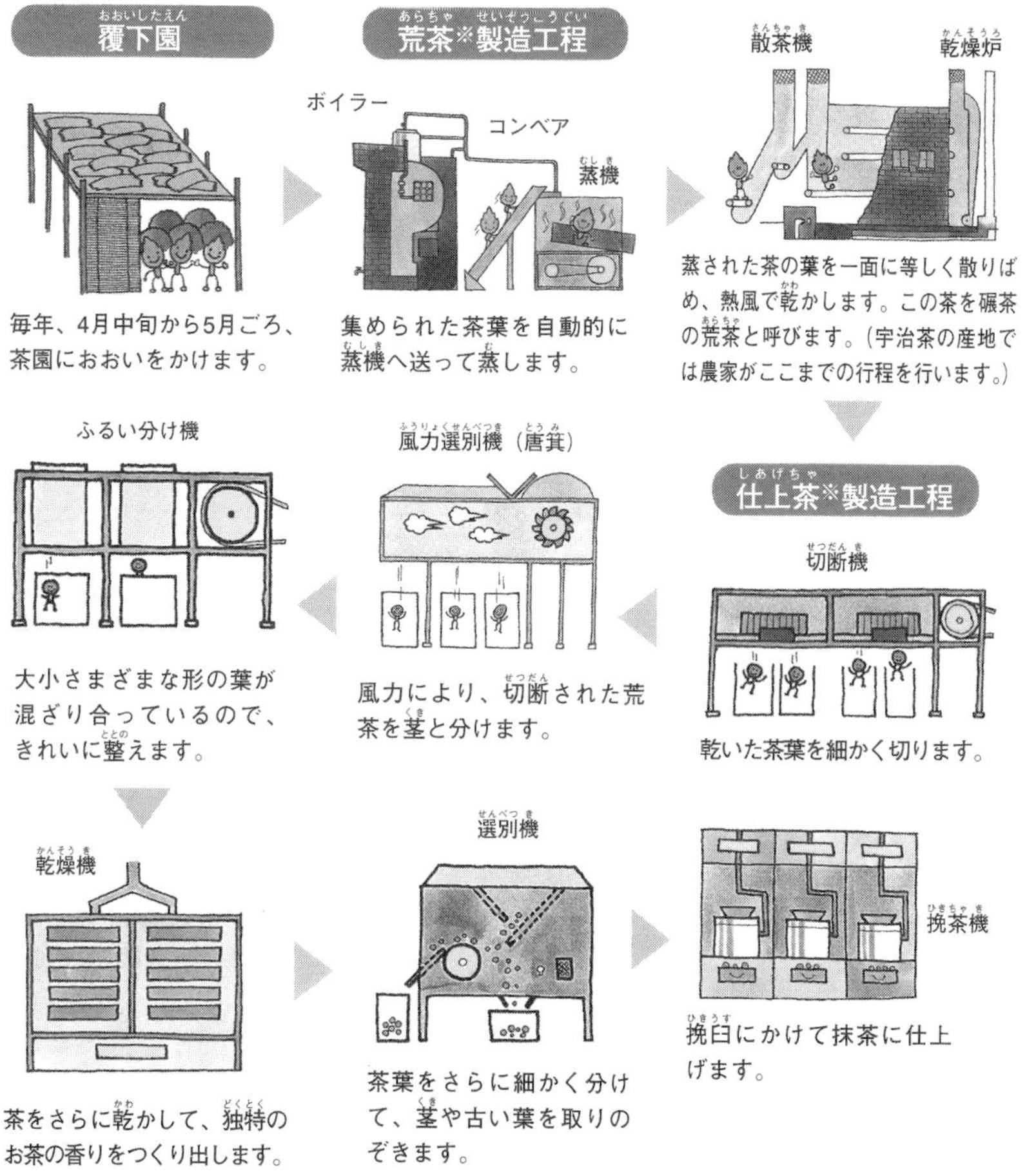
覆下園《おおいしたえん》
荒茶《あらちゃ》※製造工程《せいぞうこうてい》
ボイラー
コンベア
蒸機《むしき》
散茶機《さんちゃき》
乾燥炉《かんそうろ》
毎年、4月中旬から5月ごろ、茶園におおいをかけます。
集められた茶葉を自動的に蒸機《むしき》へ送って蒸《む》します。
蒸された茶の葉を一面に等しく散りばめ、熱風で乾《かわ》かします。この茶を碾茶の荒茶《あらちゃ》と呼びます。（宇治茶の産地では農家がここまでの行程を行います。）
仕上茶《しあげちゃ》※製造工程
切断機《せつだんき》
乾いた茶葉を細かく切ります。
風力選別機《ふうりょくせんべつき》（唐箕《とうみ》）
風力により、切断《せつだん》された荒茶を茎《くき》と分けます。
ふるい分け機
大小さまざまな形の葉が混ざり合っているので、きれいに整《ととの》えます。
乾燥機《かんそうき》
茶をさらに乾《かわ》かして、独特《どくとく》のお茶の香りをつくり出します。
選別機《せんべつき》
茶葉をさらに細かく分けて、茎《くき》や古い葉を取りのぞきます。
挽茶機《ひきちゃき》
挽臼《ひきうす》にかけて抹茶に仕上げます。

碾茶・抹茶のできるまで（図：京都府茶協同組合）

コンベアに葉が一枚一枚重なり合わないように広げられ、150℃以上の炉内を2〜3分間で通過させる。下段を通過した葉はファンで上段に吹き上げられ、本乾燥に移る。上段では100℃前後で通過時間6〜8分、中段では9〜10分乾燥する。その後、茎、古葉、変色葉、焦葉、藁など異物を除去し、60℃程の低温で充分に乾燥させる。そうすることで、貯蔵性が向上する。

　抹茶は、こうして完成した碾茶を、3〜5㎜角に切断し、茎や葉脈を分離・除去した後、石臼で粉末状に挽いたものである。石臼による粉砕は、圧縮・剪断《せんだん》・ひねりなど、粉砕作用が複雑で、粉末の形状が不整形なため、細かい均一な泡が点てやすく風味の良い抹茶を作ることができる。

◇抹茶のできるまで——古写真から

茶摘女《ちゃつみめ》（『京都茶業写真総覧』1924）

覆下茶園《おおいしたちゃえん》（『京都茶業写真総覧』1924）

覆架け《おおいか》（『京都茶業写真総覧』1924）

茶蒸場（『京都府久世郡写真帖』1915）

碾茶《てんちゃ》の焙炉場《ほいろば》（『京都茶業写真総覧』1924）

切断機《せつだんき》・平行篩《へいこうふるい》（『京都府久世郡写真帖』1915）

碾茶《てんちゃ》の製造茶撰《せいぞうちゃより》（『京都茶業写真総覧』1924）

挽茶《ひきちゃ》機《き》器《き》（『京都府久世郡写真帖』1915）

玉露・煎茶のできるまで

玉露は「覆下園」で栽培し、煎茶は被覆をしない「露天園」で太陽光を直接茶樹にあて栽培する。

摘採された生葉は、蒸すことにより酵素の働きを抑え、生葉中に含まれる青臭さや悪臭を除去し、また葉の柔軟性を高め、揉みの作業を容易にすることができる。煎茶の場合は、品種や産地が多種多様で、茶の状況により蒸熱時間等は大きく異なるが、目安は35～45秒程である。

玉露・煎茶製造の特筆すべき特徴は、抹茶用の碾茶とは異なり「揉《も》む」という工程が加わることである。粗揉《そじゅう》〔乾燥した熱風を送りながら適度に摩擦・圧迫しながら揉むことで、茶葉に含まれる水分を低下させる〕↓揉捻《じゅうねん》〔唯一熱を加えない工程で、熱を加えず加重することで形状を整えるとともに、含有水分の均一化を図る〕↓中揉〔さらに軽く揉みながら水分除去を図り、後の精揉で形成しやすい細長い形状に整える〕↓精揉〔茶葉を圧迫しながら揉むことにより、水分が押し出され乾燥が進む。さらに加重を増し、細長い茶の形を形成する〕の四段階がある。

これら揉む工程を終えた後、乾燥させて5％以下まで水分量を下げることにより、長期保存を可能にし、またさらに香味を向上させる。こうしてできたものを「荒茶」と言い、ここまでは生産農家の作業である。

この「荒茶」を仕入れ、精製加工をするのが茶商の仕事である。仕入れた荒茶の形状は大小様々な状態で混ざりあっているので、篩《ふる》い分け・切断・選別などを繰り返し、一定の形状に整え、さらに乾燥させ、同時に独特の茶の香を作り出す。これらの仕上加工は、それぞれの茶商の特色を出す上でも重要な工程である。茶の状態を判断し仕上加工を経た原料茶は、消費者の嗜好に合わせて合組〔配合〕することにより、商品として完成する。

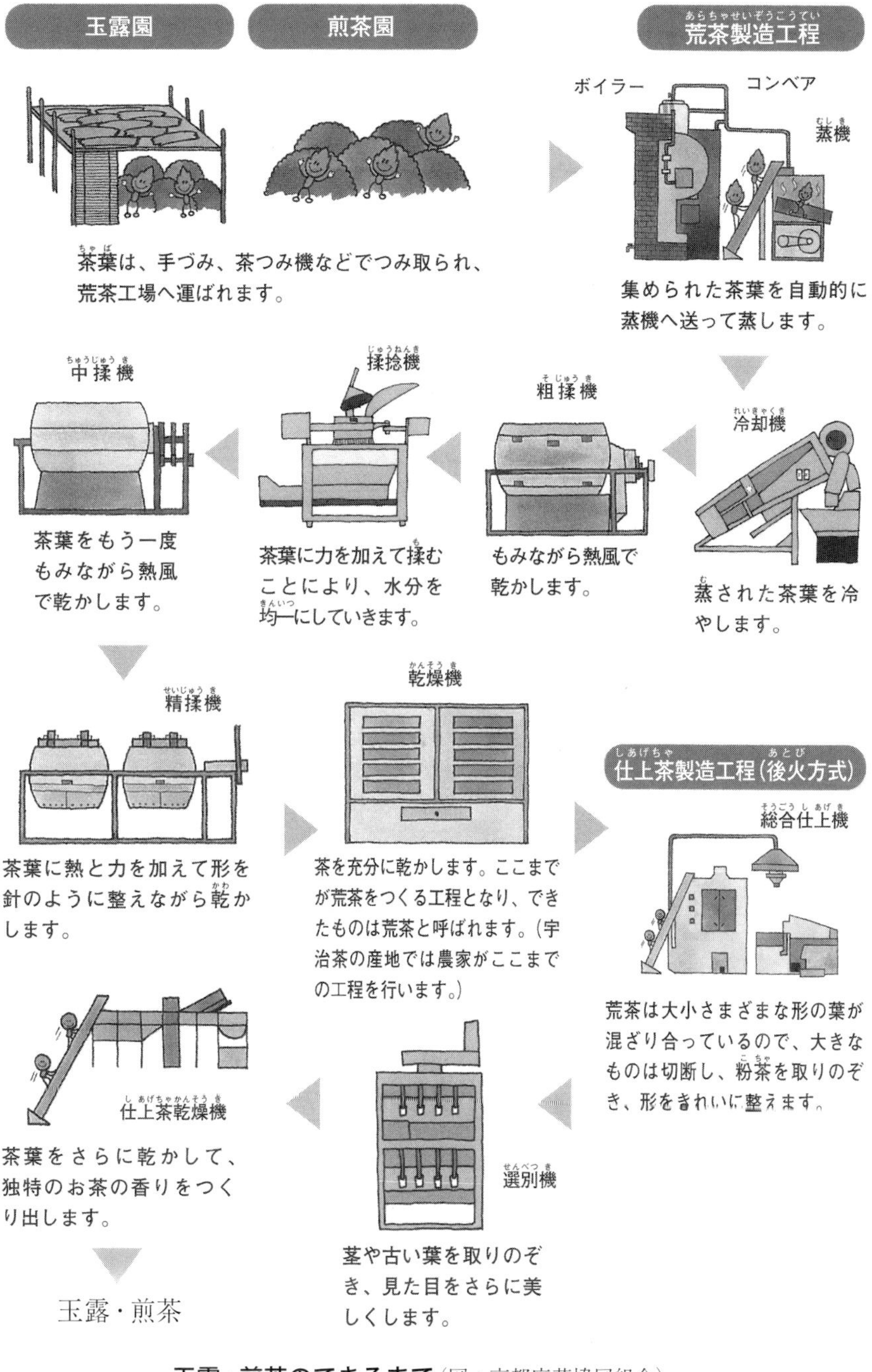
玉露園
煎茶園
荒茶製造工程《あらちゃせいぞうこうてい》
茶葉《ちゃば》は、手づみ、茶つみ機などでつみ取られ、荒茶工場へ運ばれます。
ボイラー
コンベア
蒸機《むしき》
集められた茶葉を自動的に蒸機へ送って蒸します。
冷却機《れいきゃくき》
蒸《む》された茶葉を冷やします。
粗揉機《そじゅうき》
もみながら熱風で乾かします。
揉捻機《じゅうねんき》
茶葉に力を加えて揉《も》むことにより、水分を均一《きんいつ》にしていきます。
中揉機《ちゅうじゅうき》
茶葉をもう一度もみながら熱風で乾かします。
精揉機《せいじゅうき》
茶葉に熱と力を加えて形を針のように整えながら乾《かわ》かします。
乾燥機《かんそうき》
茶を充分に乾かします。ここまでが荒茶をつくる工程となり、できたものは荒茶と呼ばれます。（宇治茶の産地では農家がここまでの工程を行います。）
仕上茶製造工程《しあげちゃせいぞうこうてい》（後火方式《あとびほうしき》）
総合仕上機《そうごうしあげき》
荒茶は大小さまざまな形の葉が混ざり合っているので、大きなものは切断し、粉茶《こちゃ》を取りのぞき、形をきれいに整えます。
選別機《せんべつき》
茎や古い葉を取りのぞき、見た目をさらに美しくします。
仕上茶乾燥機《しあげちゃかんそうき》
茶葉をさらに乾かして、独特のお茶の香りをつくり出します。
玉露・煎茶

玉露・煎茶のできるまで（図：京都府茶協同組合）

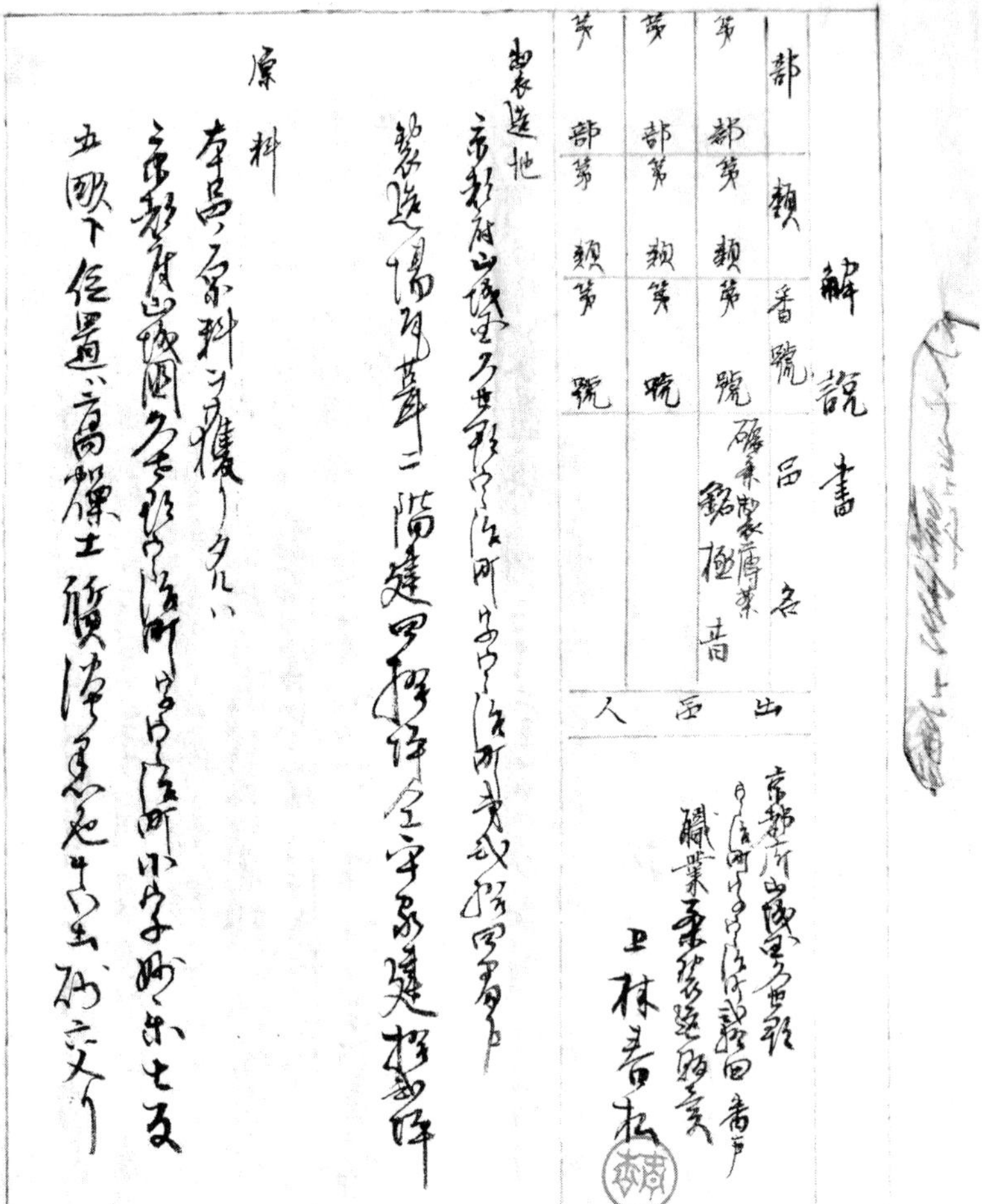

解説書

部類	番號	品名
第　部第　類第　號		碾茶製薄茶 銘極昔
第　部第　類第　號		
第　部第　類第　號		

出品人　上林春松

製造地

原料

「薄茶『極昔』出品解説書」

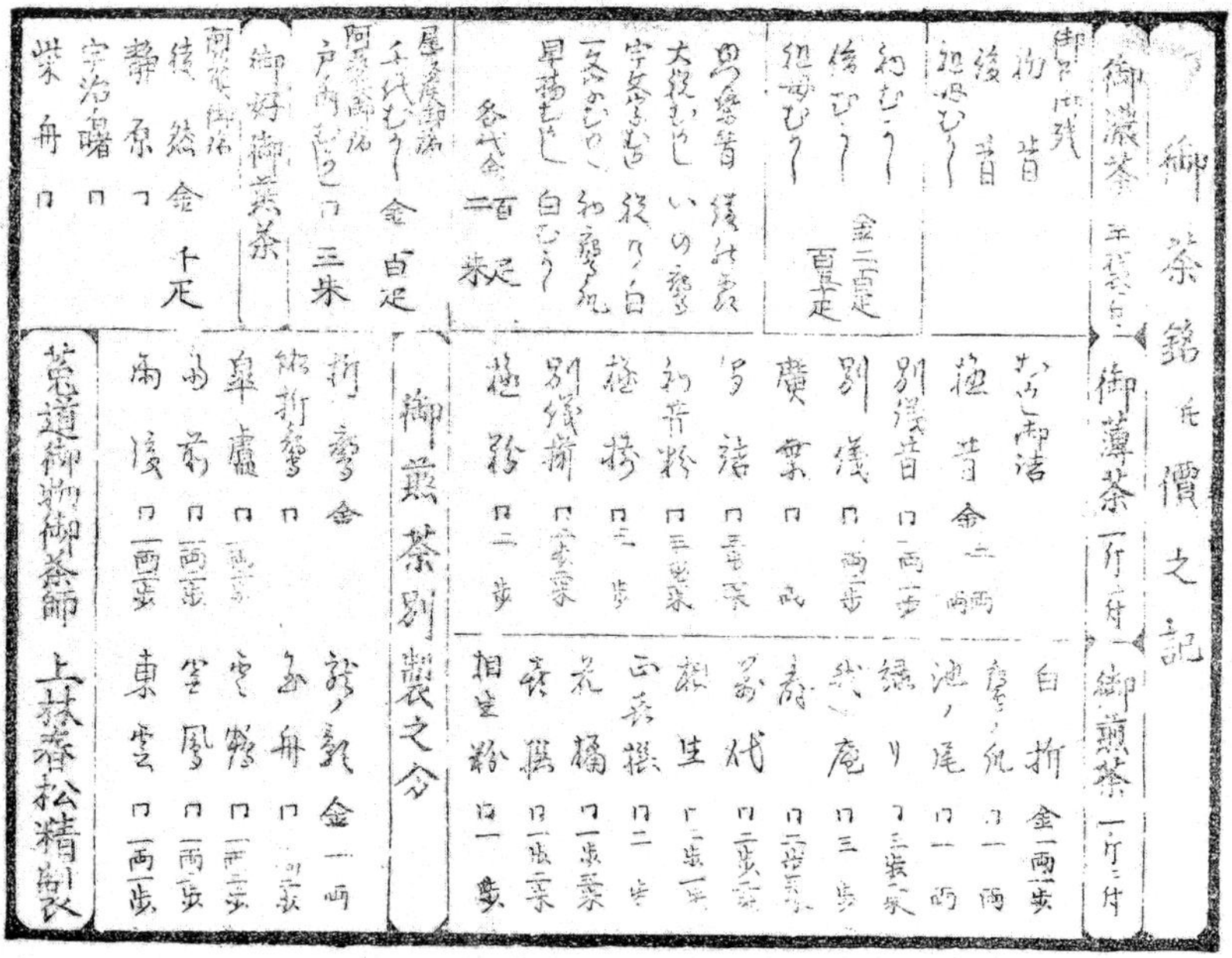
御茶銘幷價之記
御濃茶
初昔
後昔
祖母昔
御薄茶
極昔
別儀昔
別儀
廣葉
御煎茶
白折
池ノ尾
緑り
宇治製
上林春松精製

「御茶銘并価之記」

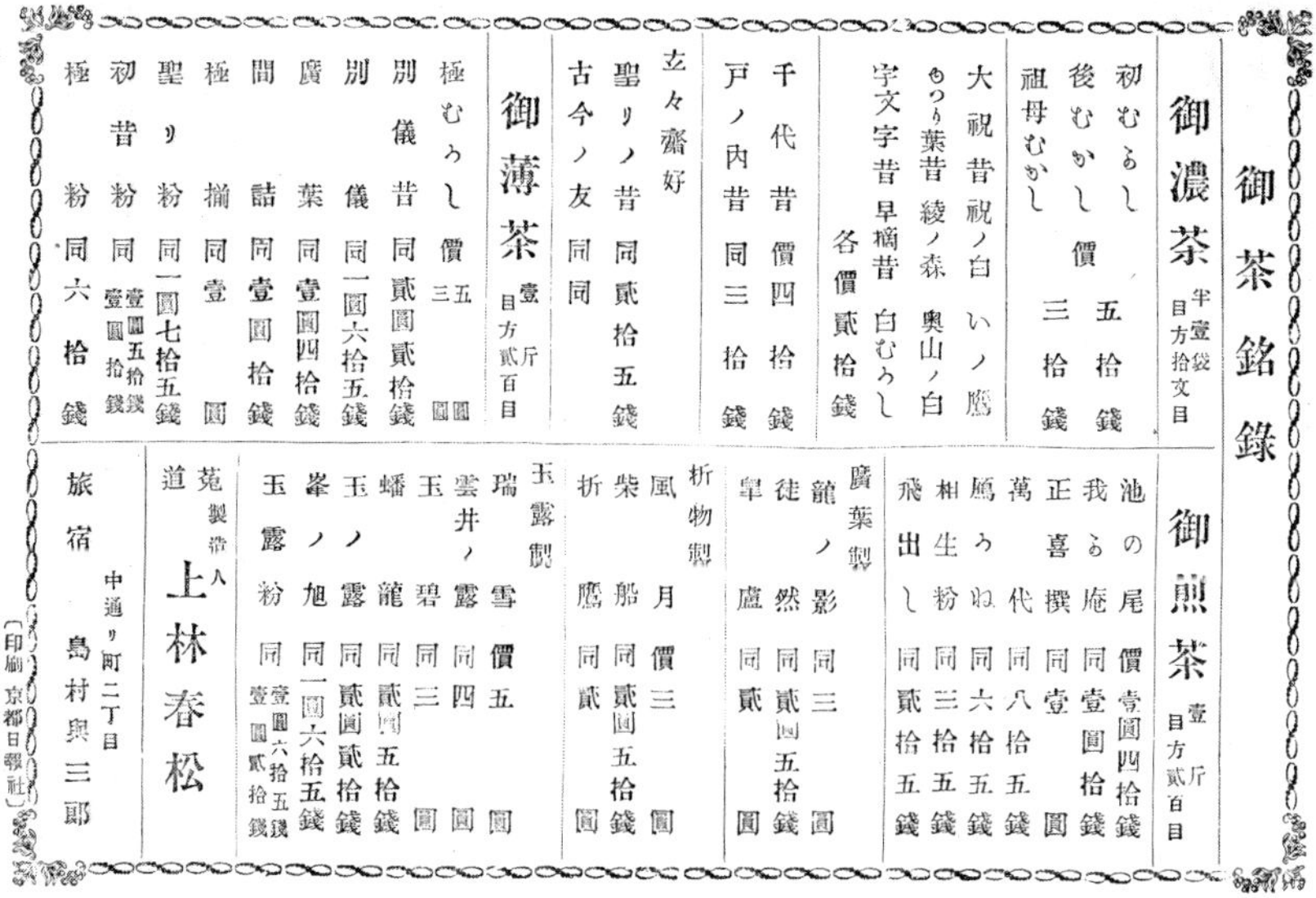
御茶銘録

御濃茶 半袋壹 目方拾文目
初むかし 價 五拾錢
後むかし 價 三拾錢
祖母むかし
大祝昔 祝ノ白 いノ應
もつり葉昔 綾ノ森 奥山ノ白
宇文字昔 早摘昔 白むかし
各價貳拾錢
千代昔 價四拾錢
戸ノ内昔 同三拾錢
玄々齋好
聖リノ昔 同貳拾五錢
古今ノ友 同同

御薄茶 壹斤 目方貳百目
極むかし 價 五圓 三圓
別儀昔 同貳圓貳拾錢
別儀 同一圓六拾五錢
廣葉 同壹圓四拾錢
間詰 同壹圓拾錢
極揃 同壹圓
聖リ粉 同一圓七拾五錢
初昔粉 同 壹圓五拾錢 壹圓拾錢
極粉 同六拾錢

御煎茶 壹斤 目方貳百目
池の尾 價壹圓四拾錢
我が庵 同壹圓拾錢
正喜撰 同壹圓
萬代 同八拾五錢
鳫がね 同六拾五錢
相生粉 同三拾五錢
飛出し 同貳拾五錢
廣葉製
龍ノ影 同三圓
徒然 同貳圓五拾錢
皐盧 同貳圓
析物製
風月 價三圓
柴船 同貳圓五拾錢
析鷹 同貳圓
玉露製
瑞雪 價五圓
雲井ノ露 同四圓
玉碧 同三圓
蟠龍 同貳圓五拾錢
玉ノ露 同貳圓貳拾錢
峯ノ旭 同一圓六拾五錢
玉露粉 同 壹圓六拾五錢 壹圓貳拾錢
製造人 莵道 上林春松
旅宿 中通リ町二丁目 島村與三郎
[印刷 京都日報社]

「御茶銘録」

お茶銘のこと

◇茶銘の始まり

茶摘みの頃、そこここの茶園で摘み採られた新芽が製茶場で紛れないように、新芽を入れた籠に「い」「ろ」「は」「○」「△」「一」「二」などの印を記した紙片を置いたのが始まりで、後に「いの白」「ろの白」「丸白」「鱗形」「一の白」「二の白」といった茶銘に転化した。この茶銘は、金閣寺の住職、鳳林承章の日記『隔蓂記』の寛永十五年（一六三八）の記載に、「予今日茶一種引持参、河村彦左衛門宇文字之袋也」とみえ、これが初見であり、以降、宇文字、白昔、大祝白などの茶銘が文書に見られるようになった。

◇「昔」と「白」

江戸時代初期、長井入道という宇治茶師が年の初めに伊勢参宮をしたとき、道中の茶店でよもぎ餅を勧められた。草木も枯れる季節に出された餅の色が青々としており、その色の鮮やかさをあやしみ尋ねると、店の老婆が、毎年芽立ちの頃に蓬を摘み、年中用いるため加工し蓄えているのでこのように色がよいのだと教えた。入道はこれを聞いて茶の製造に応用することを思い立ち、蓬の製法を詳しく聞いて帰り試したところ、緑色がいままでの製法のものに比べ麗々しく、これが新製品としてもてはやされ、他の茶師たちもこぞってこれを製するようになった（青製）。しかし、風味は古製の茶（白製）に劣るため、古製を好む茶人も多く、昔蒸し、新蒸しと区別するようになった。

古田織部の没後、小堀遠州が幕府御用の御茶吟味役を仰せ付けられ、遠州は専ら昔蒸しの色の白い茶を極上（御濃茶）として用いた。この頃から昔蒸し（白製）の抹茶の茶銘に「昔」「白」の文字が付けられるようになった。また、青製法はその後廃れ今は全く見られない。

◇「初昔」「後昔」

小堀遠州の書に「むかし色白きヲ専ラトシテ、中頃ハ色青キヲ専ラトス、其後色白キを専ラト仕候。故ニ最初ノ昔ト云心ヲ以テ初昔トス。少シ風味替リタルヲ後昔ト付候事。初昔、後むかし公家御好ノ風儀御茶極上ノ惣銘、茶師何レノ家ニテモ頭立テ申候三番目ヨリ其家ノ茶トシテ好奇ノ銘ヲ付申候事ナリ」とあり、これによっても「初昔」「後昔」の銘は当時の宇治茶師がそれぞれの家の筆頭のお茶の銘としていたことがわかる。また、この茶銘は遠州の命名とも想像されるところである。

◇上林家に伝わる茶銘

祖《ば》母《ば》昔《むかし》：上林家の古文書に「上林掃部ノ母御茶仕立候事名人ノ由上意ニテ若森ノ園畑祖母江拝領被仰付夫レヨリ祖母昔と申候事」とあり、徳川家康が感銘を受けたことに由来する、上林家だけに許された由緒ある茶銘である。

千《ち》代《よ》昔《むかし》：上林春松家がお抱え茶師であった尾張藩の十二代藩主で、茶の湯に造詣が深かったとされる徳川知止斎（斉荘《なりたか》）が春松のために命名した銘。

早摘《さづみ》昔《むかし》：新茶の摘み始めは旧暦三月二十一日前後が例とされていたが、芽立ちが早い年があり、早く摘まれた茶に付けられた銘。

綾の森・吉の森・福の森・戸の内音・若森の白・小松の白：足利義満によって宇治七茗園が開かれる以前の古園に由来する茶銘。

琵琶の白・宇文字昔・旭の白・祝昔：足利義満によって、幕府御用の茶園として開かれた、宇治七茗園に因《ちな》んだ銘。

大福《おおぶく》：「王服《おおふく》」から転語した銘。むかし村上天皇が疫病になやまされた時、一服の茶を喫して平治したという故事にもとづく。のち「大服」とも称し、縁起を祝うお茶として、元旦から正月十五日まで喫する習いとなった。

玉露・煎茶の美味しい淹れ方

①お湯の準備

一般的に、玉露は50℃前後、煎茶は80℃前後のお湯で淹《い》れるのが適温だと言われている。現在の電気ポットは適温を設定しお湯を沸かすことができるが、不純物を取り除くため一度沸騰《ふっとう》させたお湯を冷まして使用すると、美味《おい》しくお茶を淹れることができる。また沸騰してから2～3分そのまま沸かし続けるとより純度の高いお湯を沸かすことができる。

沸騰したお湯を湯冷ましに移し、適温になるまで湯冷ましする。湯冷ましする時間は、玉露で約3分、煎茶で約2分ぐらいかかる。部屋の温度や季節によってお湯が冷める時間は異なるので、煎茶の場合は、湯気が少し落ち着いてきた頃を、玉露の場合は湯気が立たなくなった頃を目安とする。

②お茶の準備

お湯が冷めるのを待つ間に、お茶の準備をする（三人分）。

玉露の場合、お湯60mlに約10g（大さじ山盛一杯）、煎茶の場合、お湯180mlに約8〜10g（大さじ二杯）の葉茶を急須に入れる。この時、急須が湿っているとお茶も湿気を帯びてしまうため、よく乾かした急須を使用する。玉露の場合は、宝瓶という茶器を使うのが最適とされている。

③急須にお湯を注ぐ

②で準備した急須に①のお湯を注ぐ。注ぐ時は、注いだ勢いでお茶が暴れないように、急須の中央を目指してゆっくり丁寧にお湯を注ぐ。注いでから、玉露の場合約3分、煎茶の場合約1分〜1分30秒待つ。その間は急須を揺すったり回したりせず、動かさないようにして待つ。

お茶には様々な味わいが含まれているが、それぞれ抽出される速度が異なる。急須を動かすことで、それらが強制的に抽出され雑味がでてしまう。お湯の力だけでお茶の葉が開くのを待つことにより、そのお茶が本来もつ味わいをバランスよく楽しむことができる。

湯呑と急須

④お湯呑に注ぎ分ける

お湯呑に注ぐ時は、一つのお湯呑にいっぱいまで淹れてしまうのではなく、少しずつ何度もつぎ分ける。そうすることで、お茶の濃さや分量などが均一になり、同じ味わいのお茶を淹れることができる。

最も重要なことは、急須からお茶が流れ出なくなっても注ぎ終わらず、最後の一滴まで絞るように注ぎきることである。最後の一滴を「芳醇の一滴」と言い、お茶の旨みが凝縮された最も美味しい部分だと言われている。玉露の場合、この一滴を「玉の露」と表現し、玉露と名付けられたと言われている。

宝瓶で玉露を注ぐ

お湯の温度や使うお茶の分量、また抽出時間は一般的なものを示したが、それぞれの好みに合わせ、自身にとって最も美味しいと思われるところを探すこともお茶の楽しみ方の一つである。湯冷ましや抽出を待つ時間は、家族や友人などと一緒に団欒《だんらん》を楽しんでいただきたい。

お茶を淹れるのはだれにでも簡単にでき、ほんのちょっとの時間と手間をかけることで、お茶は劇的に美味しくなる。

ぜひお茶のある日常を楽しんでいただきたい。

資料『古代製茶図』

宇治・上林記念館蔵

「正月の頃より、よし簾《すだれ》を編なり」(正月、覆下栽培のための葭簀《よしず》を編み始める)

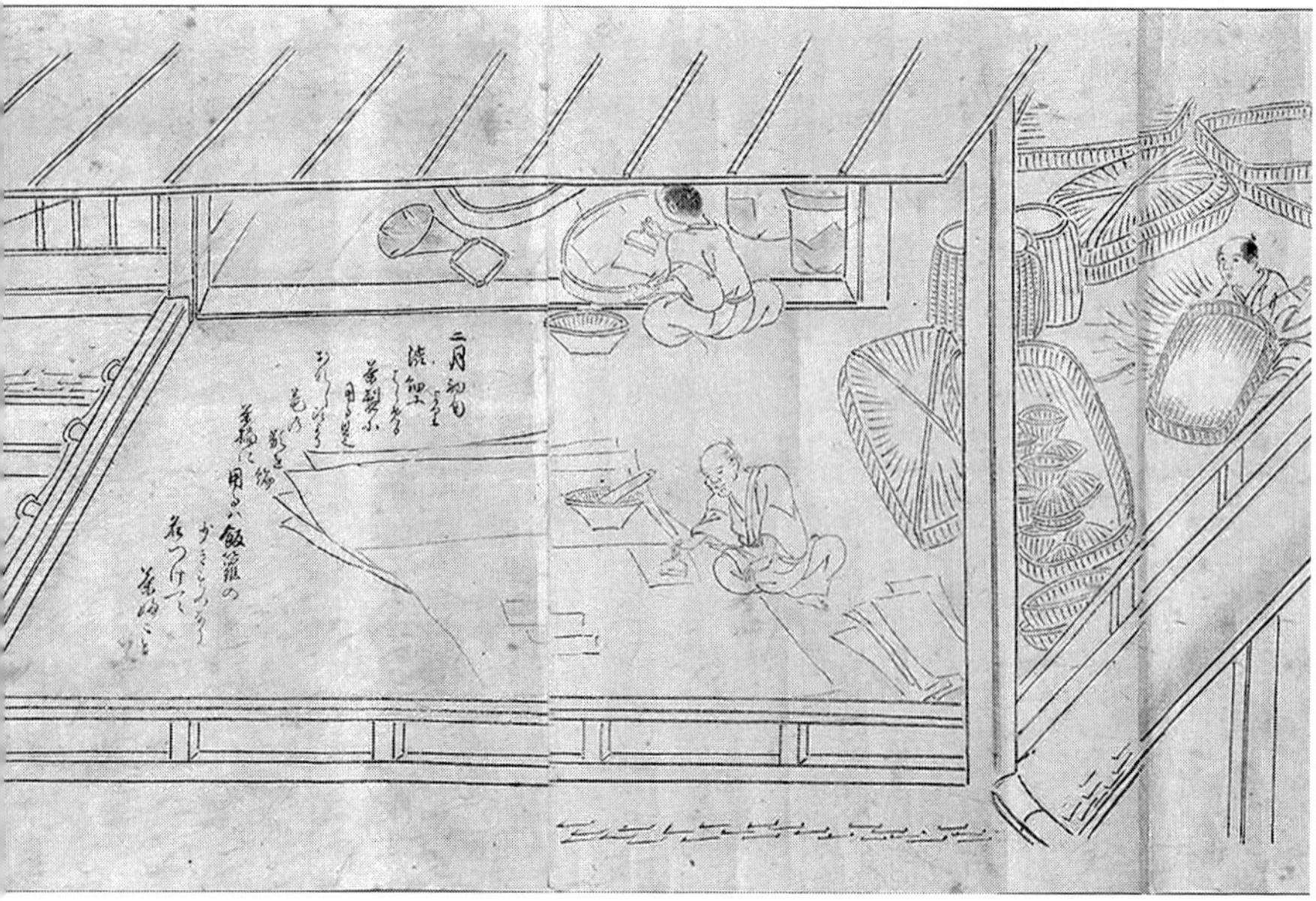

「二月初旬より渋細工はじめる。茶製に用る具也。おなじ頃より籠の類を編、茶摘に用るは飯籮《はんら》の小きものなり、名づけて茶ふごといふ」
(二月初旬から渋細工を始める。茶を製する道具に用いる。同じ頃、茶畚《ふご》という茶摘用の籠を作る)

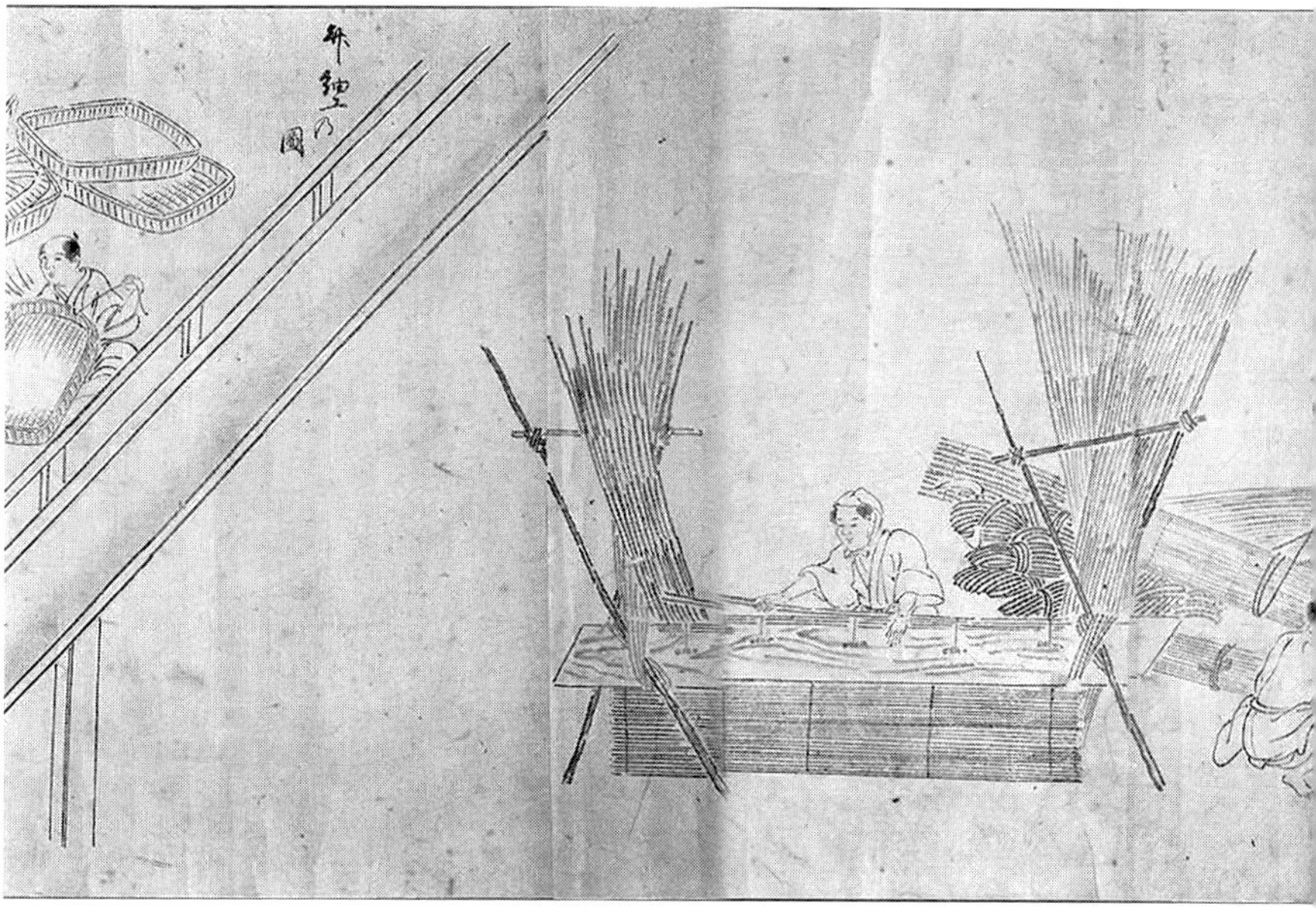

「竹細工の図」

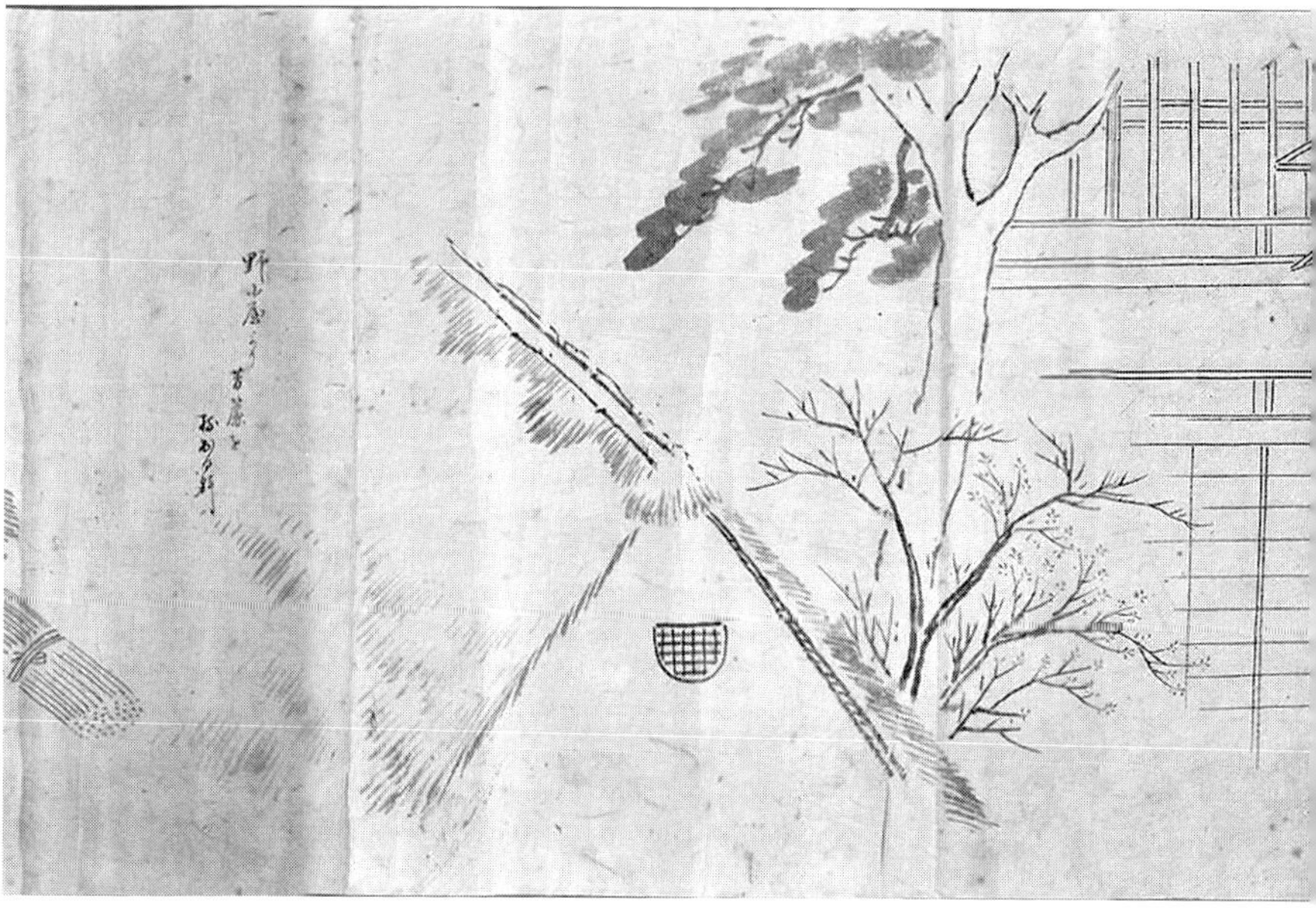

「野小屋より芳簾を持出る体」（小屋から葭簀を運びだす様子）〔図126頁上段〕

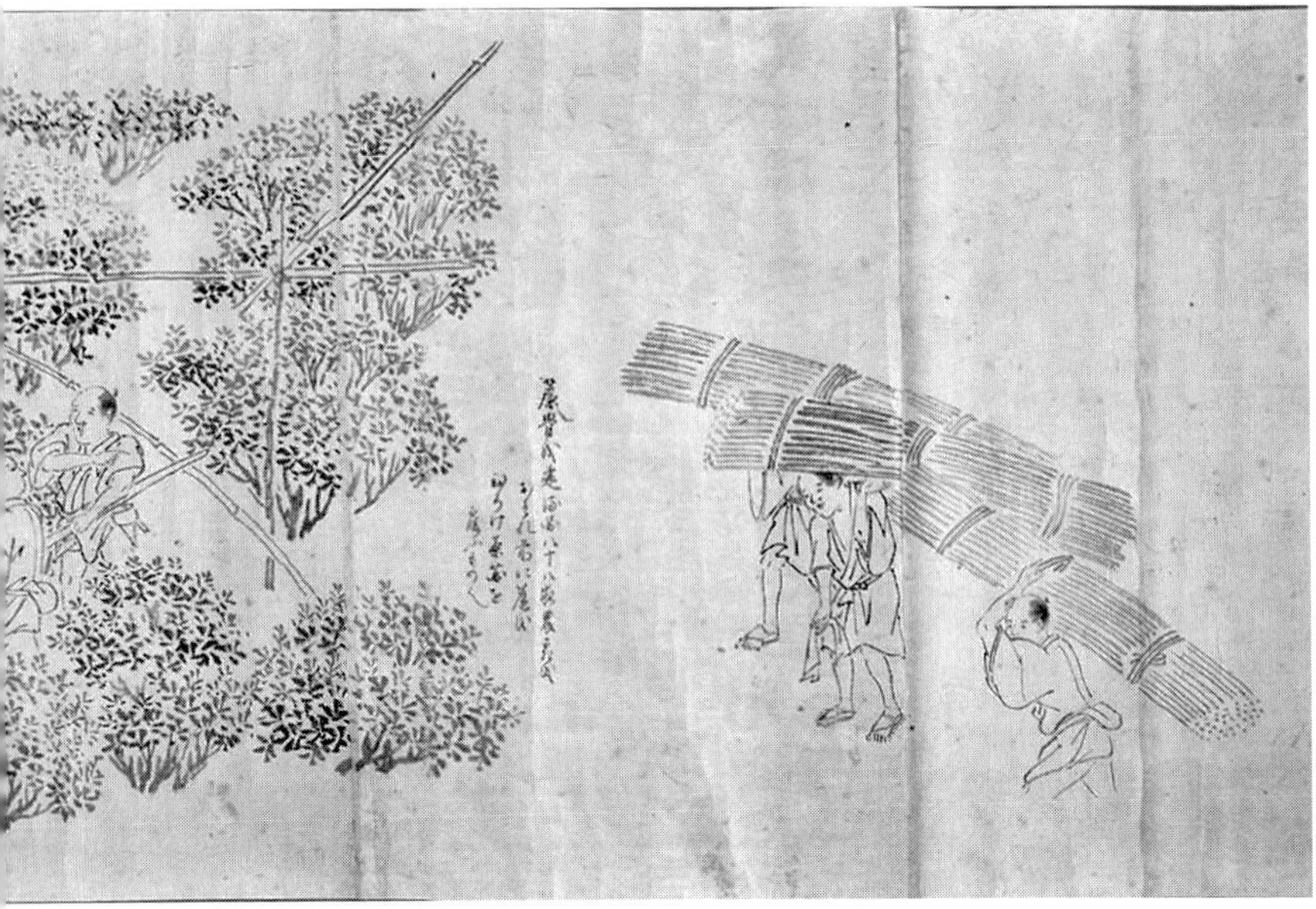

「簾骨を建《たつ》る図、八十八夜の霜をおそれ、前に簾をひろげ茶園を覆ふもの也」
（簾骨を建て、八十八夜の霜から茶を守るために、葭簀で茶園を覆う）

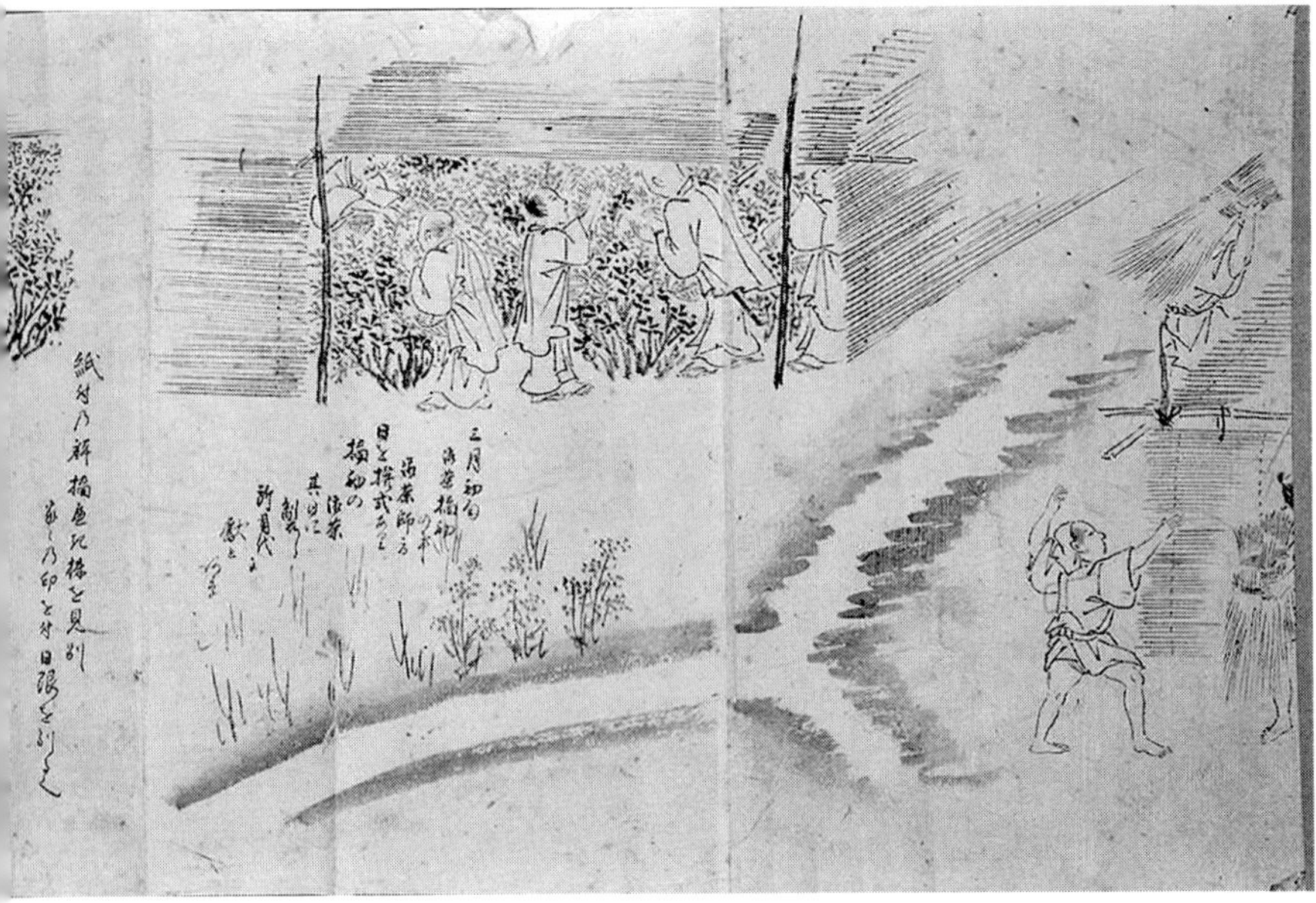

「三月初旬、御茶摘初の事、御茶師方、日を撰、式あり。摘初の御茶其日に製し、所司代に献上あり」「紙付の体。摘べき株を見別、家々の印を付、日限を別る也」
（三月初旬、摘み初めのお茶はその日のうちに抹茶にし所司代に献上する。茶師がよい株に絵符を付ける。）

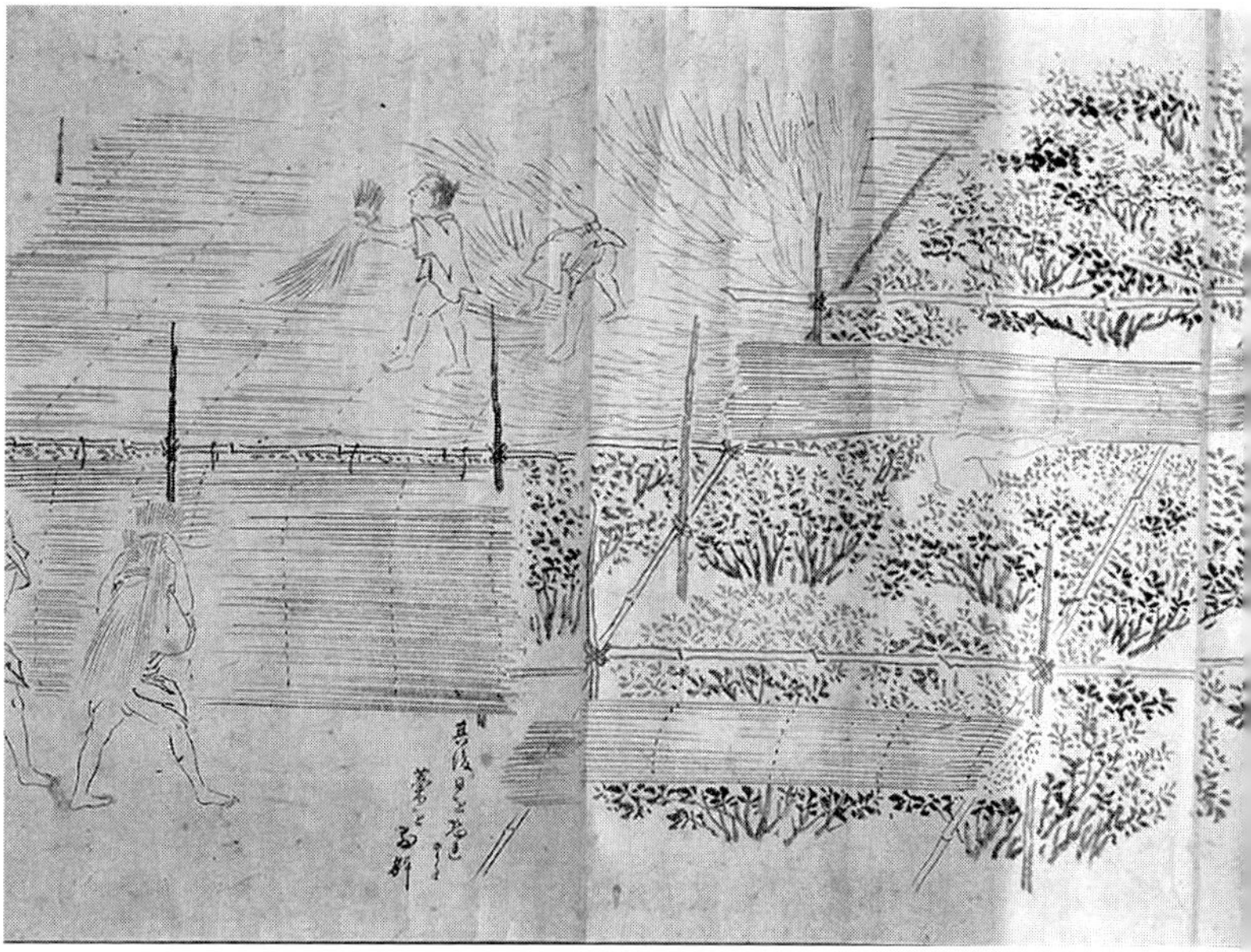

〔以上第一巻〕

「其後、日を恐れ、また藁を敷《しく》体」(日光を遮るために、さらに藁を敷く様子)

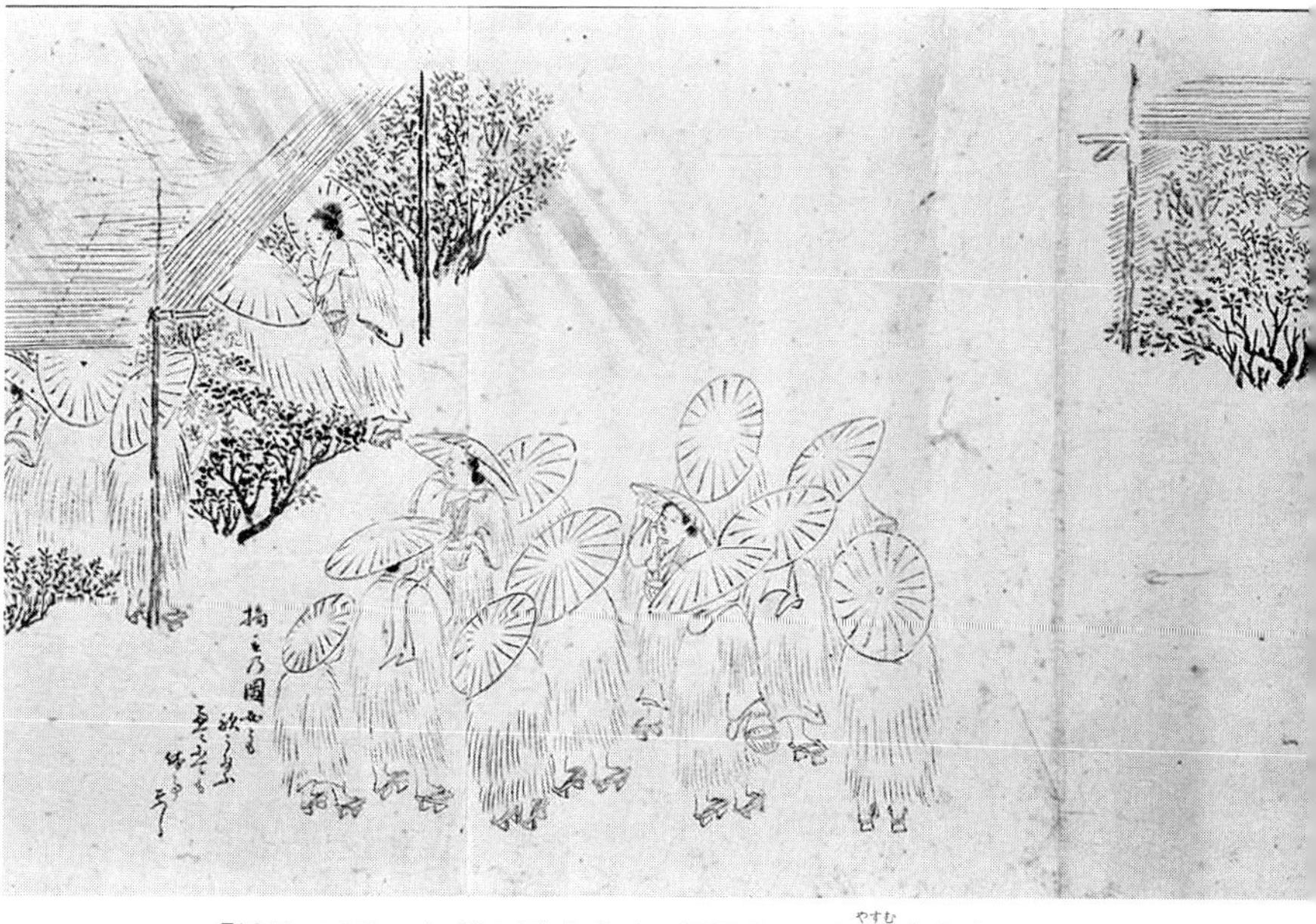

「摘取の図。女ども歌うたふ、雨天にても休《やすむ》事なし」
(雨の日も休まなず、茶摘女たちが歌をうたいながら摘み採る。)

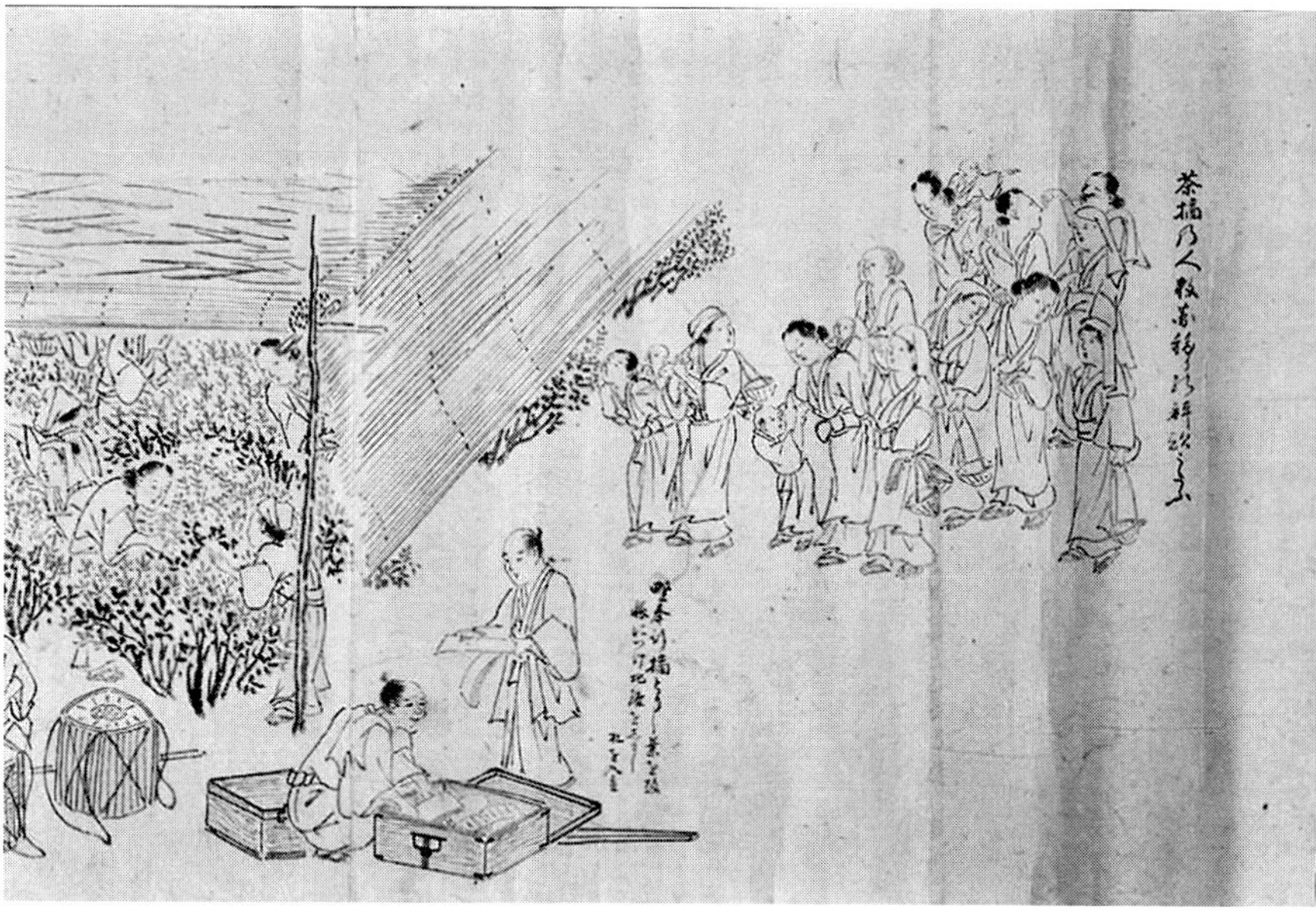

「茶摘の人数、園移りの体。歌うたふ」（茶摘の人たちが歌をうたいながら茶園を移動する）
「野奉行、摘とりし葉を改、帳につけ、地銘をしるし、札を入置」（野奉行が摘み取った茶葉を確認して帳につけ、銘柄札を入れる）

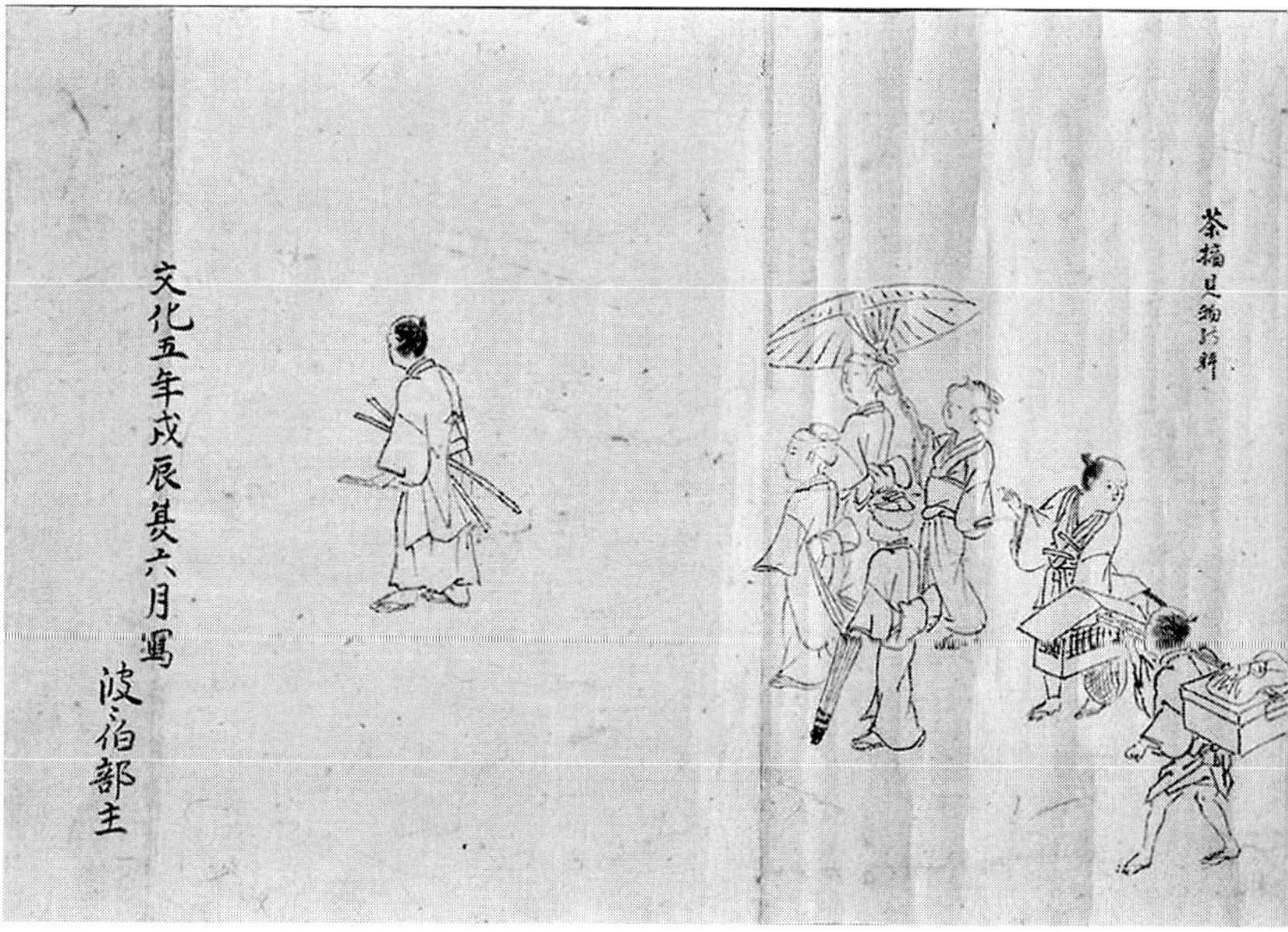

〔以上第二巻〕

「茶摘見物の体」（武家の子女らしい数人が茶摘見物をしている）
「文化五年戊辰夏六月写　波々伯部主」

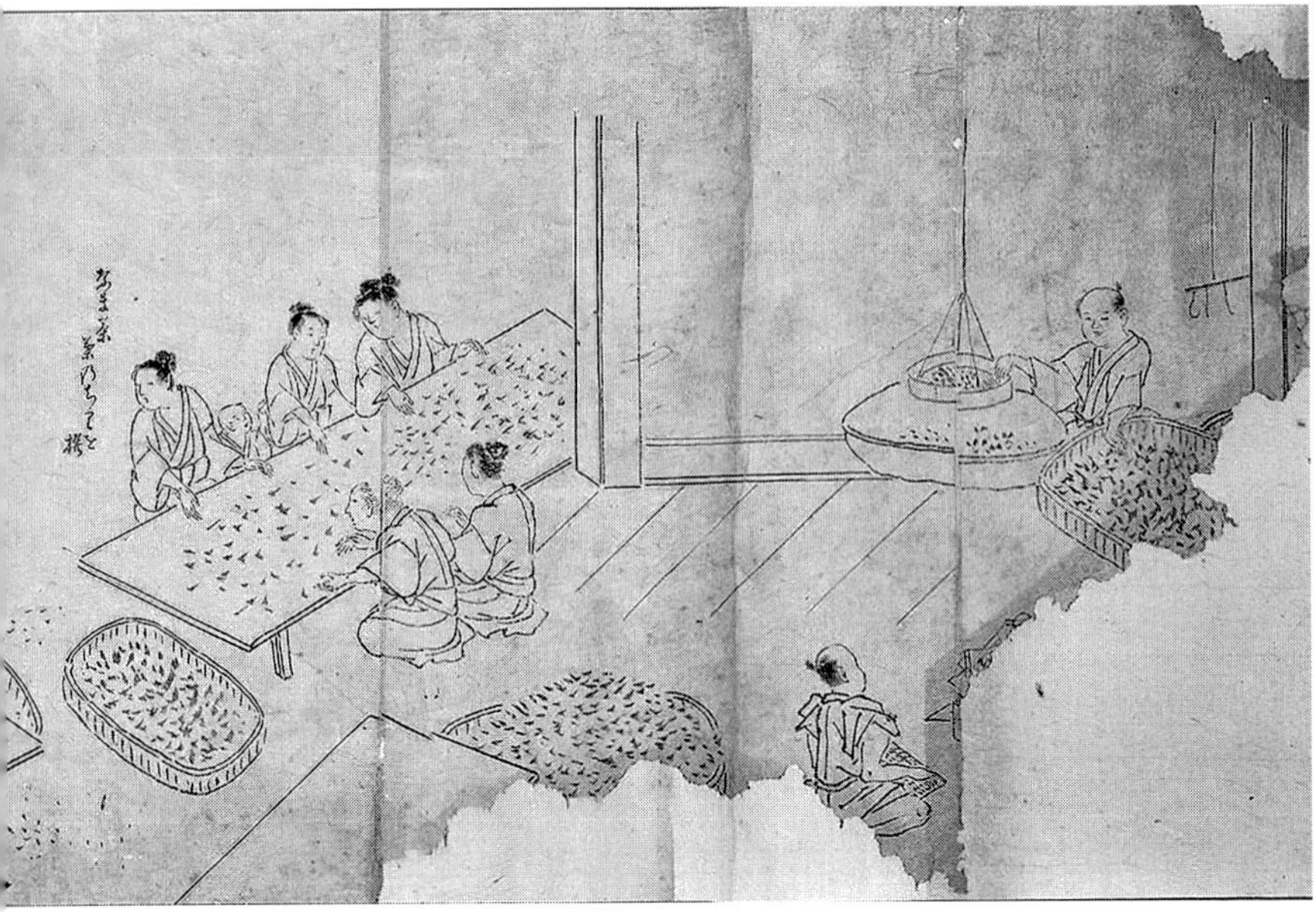

「なま茶、葉のちりを撰《よる》」(生茶、葉の塵を取る作業をしている)

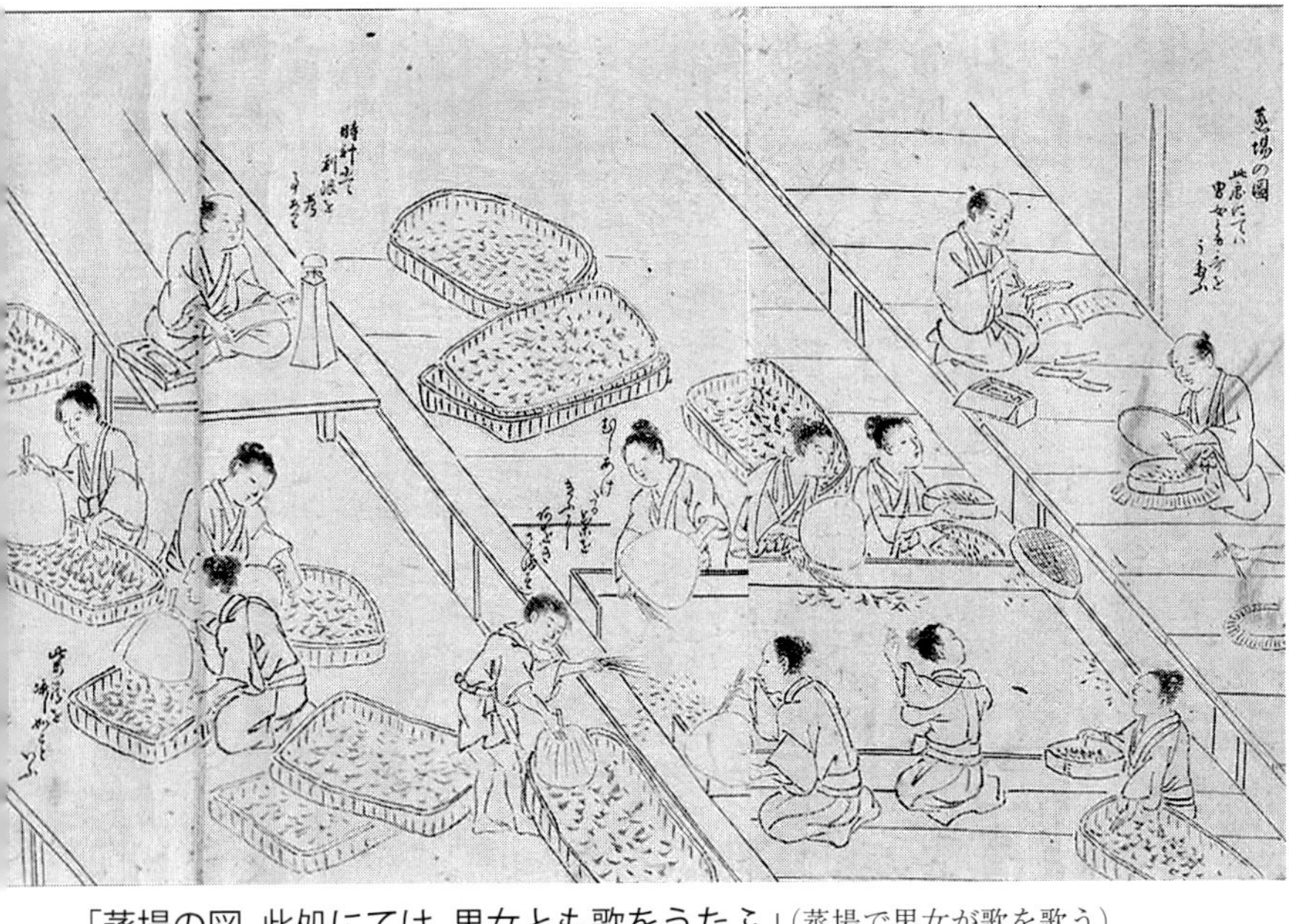

「蒸場の図、此処にては、男女とも歌をうたふ」(蒸場で男女が歌を歌う)
「むしあげたる葉を、きふにあをぎ、さます也」「時計にて刻限を考事あり」「此平籠を涼しかごといふ」(蒸しあげた茶を扇いで冷まし、刻限を計り、涼し籠という平籠で冷ます)

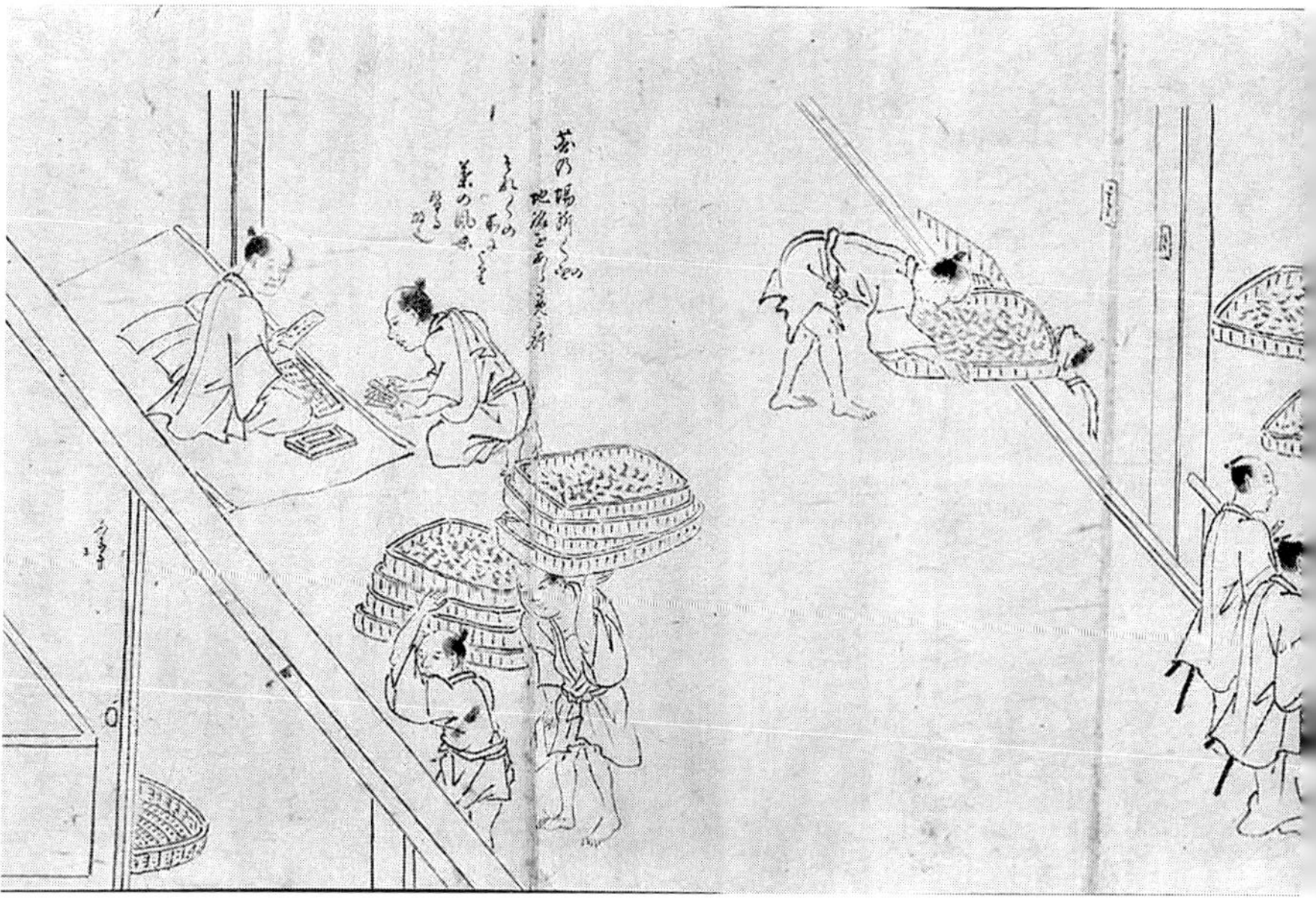

「園の場所場所の地銘をあらためる体。それぞれの所により、葉の風味替る故也」
（茶園の地銘を確認する様子。場所ごとに茶の風味が異なるため）

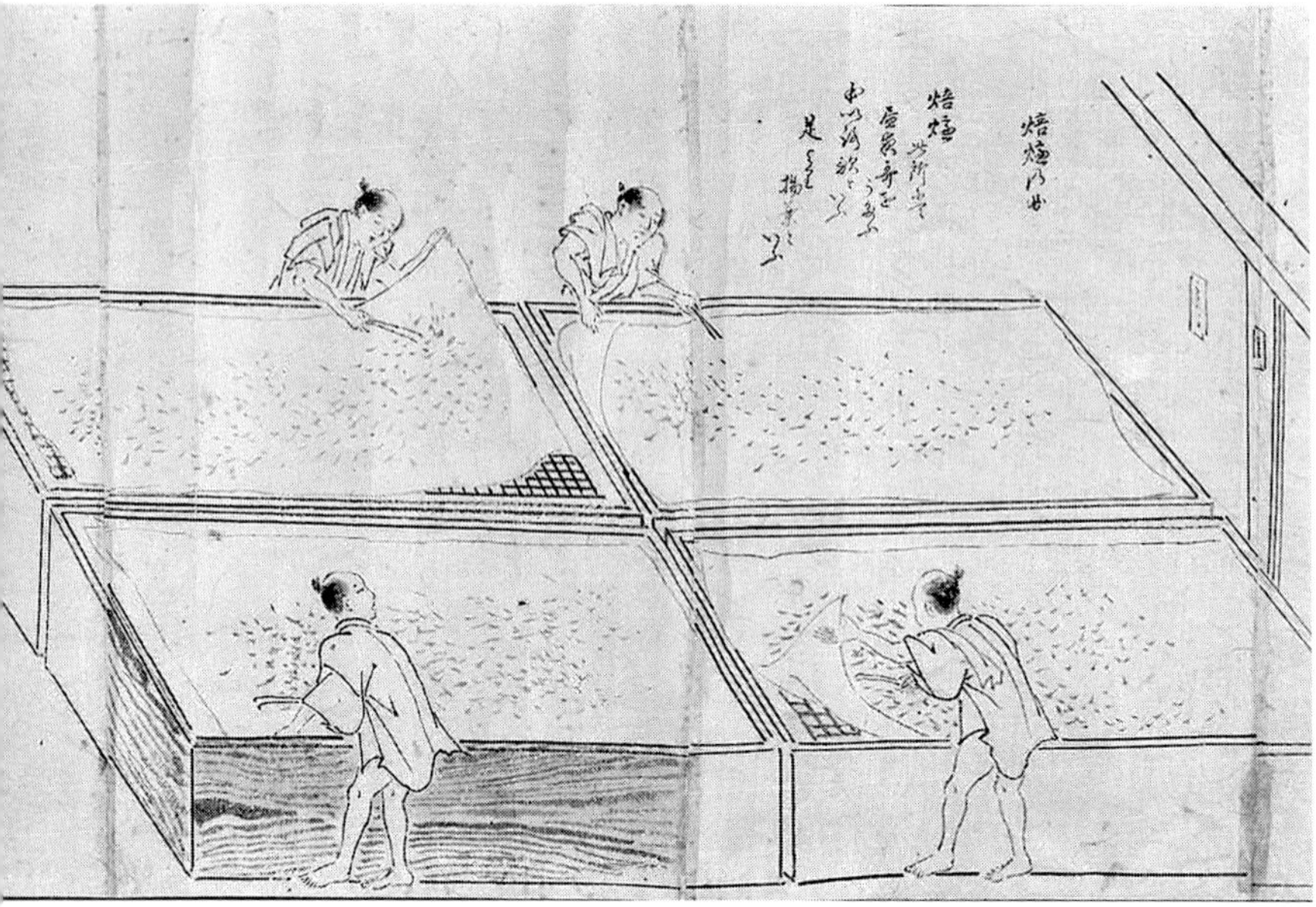

「焙炉の図」「焙炉。此所にて昼夜歌をうたふ、ほいろ歌といふ、是より揚葉といふ」
（昼夜ほいろ歌を唄いながら焙炉で乾燥。これより揚葉という）

「炭をする体」(焙炉に炭を入れている様子)

「焙炉より揚し茶を貫目あらため、先それぞれの印を付、壺に入る」
(揚葉の重さを確かめてそれぞれ印を付け、壺に入れる)

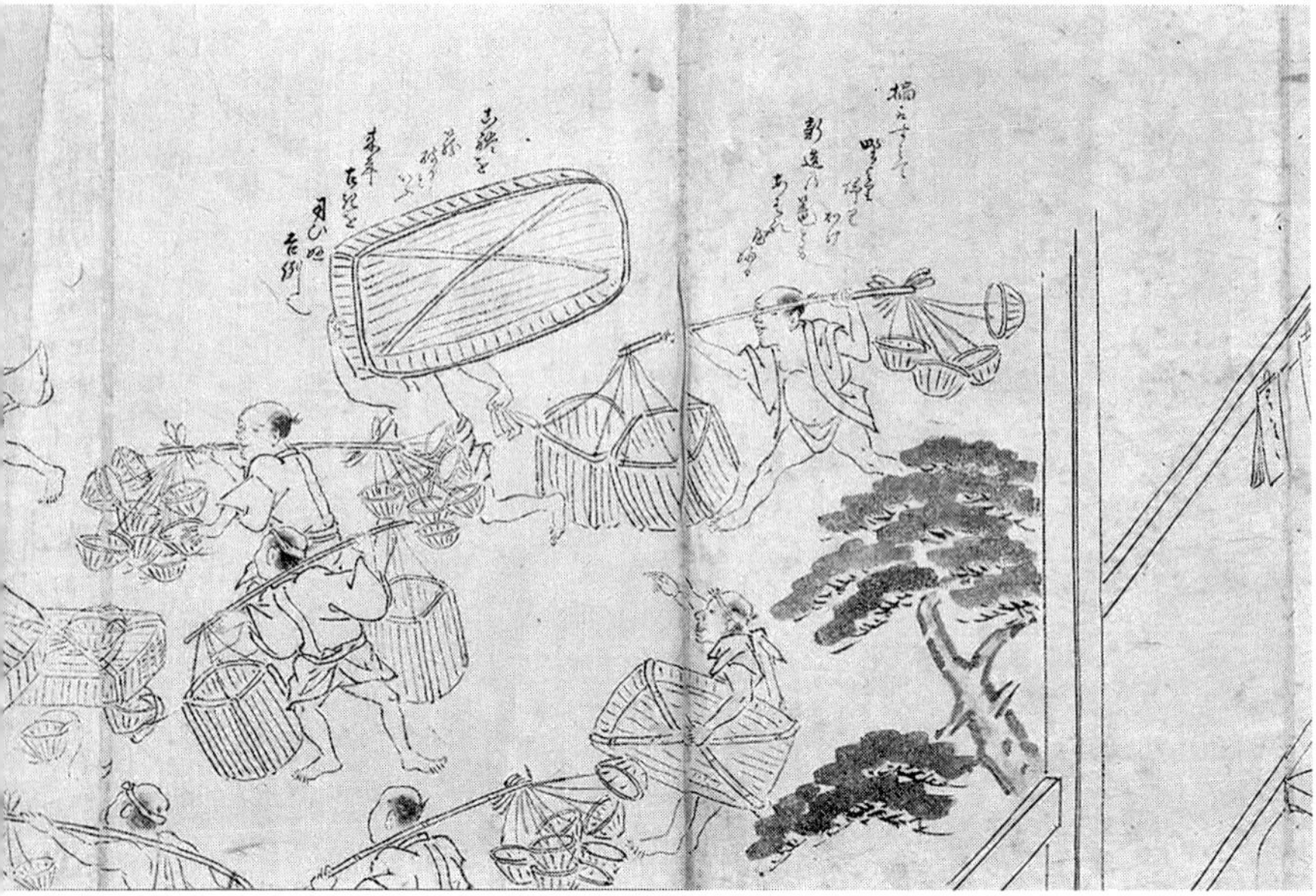

「摘取すみて野より帰りがけ、新造の籠どもあばれやぶる」「これを籠破りといふ、来年古きを用ひぬ吉例也」(野奉行に従い男たちが籠を壊して籠破りの儀式が行われ、茶摘の季節が終わる)

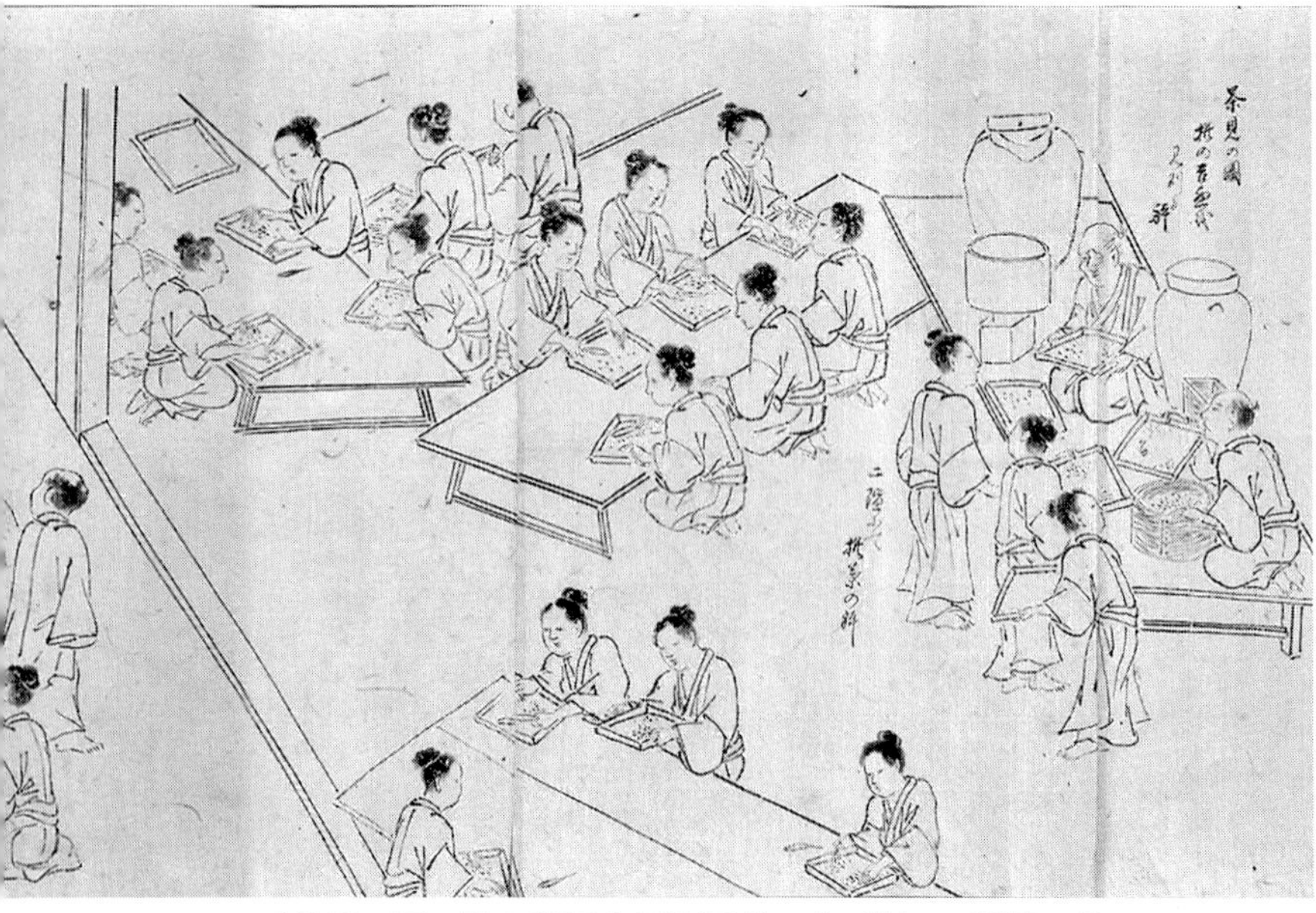

「茶見の図。撰の善悪を見別る体」「二階にて撰葉の体」
(大勢の茶撰り女が折敷を用いて揚葉を選別している様子)

「野奉行の図」

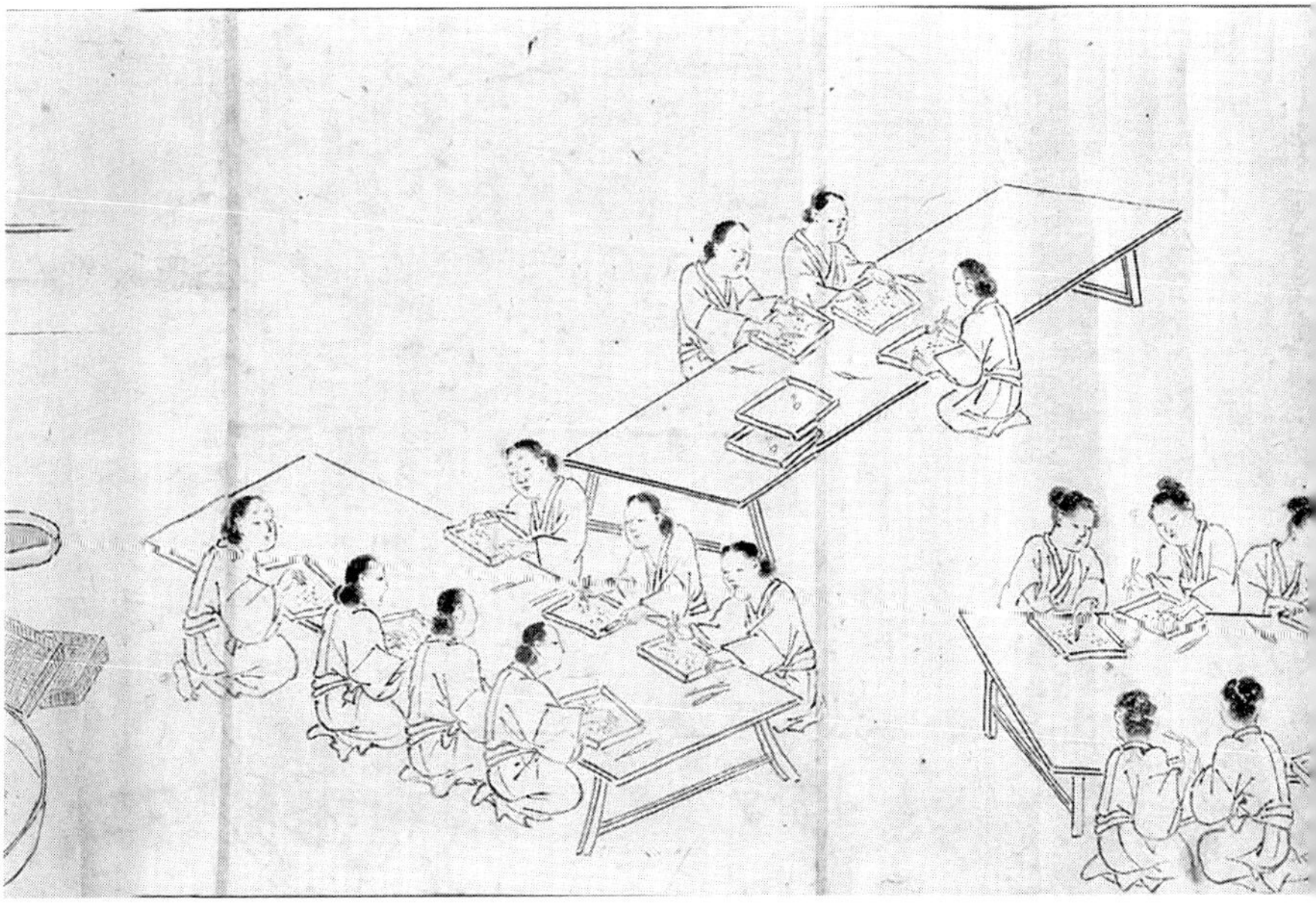

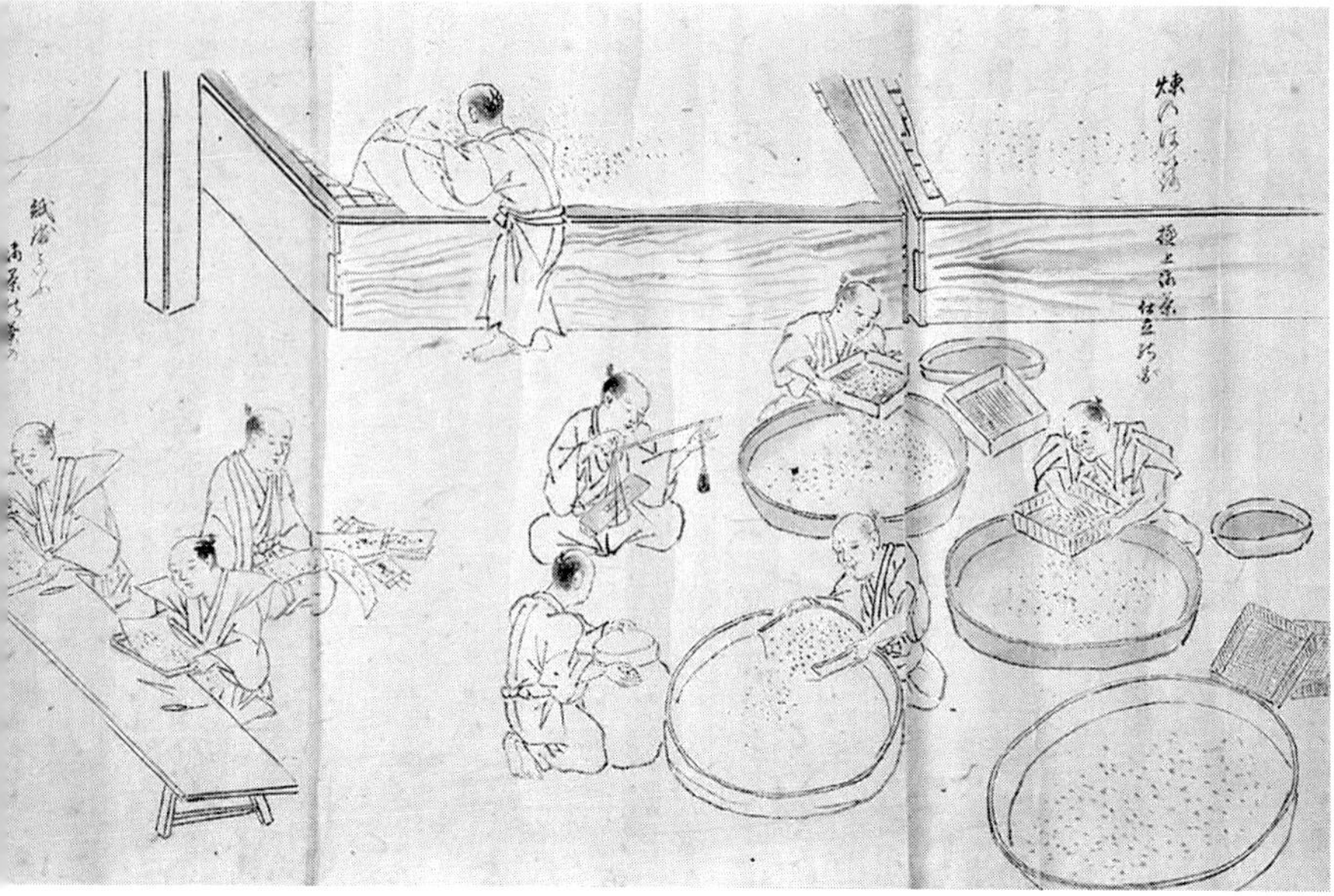

「煉のほいろ、極上御茶仕立の図」（煉のほいろにかけて再び乾燥し、極上茶を仕上げる）
「紙舗といふ。御茶の葉のかたちまでひとつづつ改る体也」（経験豊かな手代たちが仕上げの選別作業をしている様子）

〔以上第四巻〕

「文化戊辰夏六月　波々伯部在陟識」

宇治・上林記念館所蔵『古代製茶図』（波々伯部在陟筆、四巻、文化五年〔一八〇八〕成）には、第一巻・第二巻に覆下茶園に用いる葭簾の製作から茶摘みに至る作業が、第三巻・第四巻に茶の蒸製から乾燥・選別などの工程が描かれており、第二巻・第四巻の末尾に「文化五戊辰夏六月」の識語がある。もともと二巻だったものを、それぞれ二つに分けて四巻に仕立て直したものである。なお、記されている月は旧暦である。

「御茶心味の体。老分より合、御茶の風味を極む」(宇治茶師が茶の試飲をする)

宇治茶・上林一族・上林春松家・上林春松本店関係略年表

日本	宇治・宇治茶	上林一族・上林春松家・上林春松本店
1192（建久3年） 源頼朝、征夷大将軍となる **1202**（建仁2年） 栄西、建仁寺建立。 **1336**（建武3年） 足利尊氏、室町幕府創始	**734**（天平6年） 『造仏所作物帳』に茶の記載あり **739**（天平11年） 『写経司解文』に茶の記載あり **760~764** 現存する中国最古の茶書『茶経』成立 **840**（承和7年） 『日本後紀』に弘仁6年（815）嵯峨天皇の崇福寺訪問中茶を煎じる記載に喫茶の初見あり **1191**（建久2年） 栄西が宋から茶を持ち帰り、抹茶法を伝える **1211**（承元5年・建暦元年） 栄西が『喫茶養生記』を著す。このころ栄西が明恵に分け与えた茶種が高山寺を経て宇治五ヶ庄に広まり、宇治茶の栽培が始まる	**1350**（観応元年） 足利尊氏配下の赤井秀家が丹波・上林庄の地頭になり、上林秀家と名乗る

1397（応永4年）
足利義満、鹿苑寺金閣建立

1467（応仁元年）
応仁の乱始まる

1489（長享3年）
足利義政、慈照寺銀閣を建立

1375（応安8年・永和元年）
『遊学往来』に宇治が茶の産地として記される

1380頃（建暦2年カ?）
足利3代将軍義満が宇治の茶園を庇護し、抹茶法による茶の湯文化が形成される

1464（寛正5年）
『尺素往来』に栂尾の茶に対する宇治茶の優勢が記される。この頃、足利義政に仕えたとされる珠光が禅院の茶の湯から侘び茶を創始する

1504頃（永正年間）
宇治に茶園を持ち、宇治で足場を築く

1524（大永4年）
宇治で所有していた茶園「カマカハサマ」を堀与三右衛門尉に売り渡す

1526頃（大永6年）
丹波各地において上林氏と赤井氏の同族争い始まる

1532頃（天文年間）
丹波・上林城築城

1521～1569（大永～永禄年間）
丹波各地で土豪による勢力争いがあり、赤井氏と上林氏の同族相克争いが始まる

1560（永禄3年）
桶狭間の戦い

1573（元亀4年・天正元年）
織田信長により浅井氏滅亡
槙島城の戦い 室町幕府の滅亡

1582（天正十年）
本能寺の変

1573（元亀4年・天正元年）
信長が森彦右衛門に３００石、上林掃部丞（久茂）に１５０石を与え、茶頭取および宇治郷支配の代官的役割を与える

1583頃（天正11年）
宇治代官として信長の森家重用から秀吉の上林家重用へと移行する。

1584（天正12年）
豊臣秀吉が上林久茂、森氏両人に、味木・宇治大路氏の茶園を預け、その管理運営を委任する。

1560頃（永禄年間）
丹波・上林郷から初代掃部丞久重（上林加賀守入道宗印）が宇治に移住を計る

1572（元亀3年）
明智光秀による丹波攻略に際し、配下の高田豊後守によって上林城が攻撃される

1573~1592（天正年間）
上林加賀守入道宗印（秀慶）は剃髪し白山権現向坊に住み、天正年間に春松と改称し、宇治において茶業を開始する

1573（元亀4年・天正元年）
浅井氏滅亡により上林久重が丹波を離れ近江を放浪
信長の命により久重・久茂父子に槙島城管轄内における商人の交通・運輸、宿泊統制の権限が与えられる

1577（天正5年）
信貴山城の戦いで、上林久茂が信長を城へ道案内し、これを機に信長から知行５００石を与えられる

1580（天正8年）
上林久重、放浪の末、宇治に定着

1582（天正10年）
本能寺の変で、堺にいた徳川家康が三河へ戻る際に上林久茂が道案内をし、これが後の江戸時代に家康から重用される礎となる

1584（天正12年）
『兼見卿記』に吉田兼見が宇治へ茶摘見物に出かけ上林の焙炉場を見物した記事あり

1585（天正13年）
豊臣秀吉、関白となる

1598（慶長3年）
豊臣秀吉、伏見城で死去

1600（慶長5年）
関ヶ原の戦い

1603（慶長8年）
徳川家康、征夷大将軍となる

1605（慶長10年）
徳川秀忠、征夷大将軍となる

1615（慶長20年）
大坂夏の陣

1587（天正15年）
秀吉が北野大茶会を催す

1591（天正19年）
千利休、豊臣秀吉の命により自刃

1615（慶長20年）
古田織部、伏見において自刃

1586（天正14年）
3月、上林久茂の屋敷において、秀吉の点前で利休、施薬院全宗、津田宗及、芝山監物、久茂を相客とした茶会が催される

1587（天正15年）
北野大茶会で上林の「極上」が用いられる

1589（天正17年）
秀吉の朱印状に「上林御扶持弐百四十石」とある
上林久重、宇治にて死去

1591（天正19年）
『上林の極上を一服申したい』と利休の書状に記される

1600（慶長5年）
関ヶ原の戦いで東軍に与した上林竹庵が伏見城で討死する

1603（慶長8年）
家康が、峯順家と竹庵家を茶頭取、味卜家・春松家・平入家を御物御茶師として取立て、代官として勘定奉行の配下に置き、知行を与え、御茶師全体の統括を担わせる

1604（慶長9年）
上林掃部入道久徳3男が2代上林春松（秀栄）襲名

1616（元和2年）
徳川家康、駿府にて死去

1623（元和9年）
徳川家光、征夷大将軍となる

1716（享保元年）
8代将軍吉宗、享保の改革

1633（寛永10年）
3代将軍家光の時代に御茶壺道中が制度化される

1647（正保4年）
小堀遠州、伏見奉行屋敷にて死去

1666（寛文6年）
宇治大火災

1670（寛文10年）
宇治大火災、茶師一同が幕府から500両を借りる

1698（元禄11年）
宇治大火災、宇治橋の南西広範囲に被害が出る

1716（享保元年）
享保の改革によって茶壺道中が縮小される

1731（享保16年）
売茶翁、上洛。1735より東山で茶を売る

1619（元和5年）
上林徳順3男が3代上林春松（秀盛）襲名

1633（寛永10年）
御茶壺道中の茶頭取を担う

1642（寛永19年）
困窮を理由に茶代三割の増額を願い出る

1671（寛文11年）
半井通仙院寿庵次男が3代上林春松の娘の婿となり、4代上林春松（秀外）襲名

1698（元禄11年）
宇治大火災により春松家の長屋門が類焼する

1706（宝永3年）
3代上林味卜次男が4代上林春松の娘の婿となり、5代上林春松（秀甫）襲名

1787（天明7年）
老中松平定信、寛政の改革

1738（元文3年）
宇治田原町湯屋谷の茶農だった永谷宗円によって煎茶が創製される

1756（宝暦6年）
宇治川氾濫、茶園などが大きな被害を受ける

1818（文政元年）
茶頭取両上林家が、茶師三仲ヶ間に倹約令通達

1742（寛保2年）
5代上林春松の実子秀朴が6代上林春松を襲名（妻は松平安芸守家中山崎七郎兵衛の娘）

1748（延享5年 寛延元年）
6代上林味卜弟秀雄が7代上林春松を襲名（妻は6代春松の娘）

1792（寛政4年）
7代上林春松実子秀政が8代上林春松を襲名（妻は相楽郡平尾郷士岩崎半兵衛の娘）

1799（寛政11年）
茶室「松好庵」修理

1821（文政4年）
7代上林味卜弟秀信が9代上林春松を襲名

1824（文政7年）
京都の医師斉藤玄郁の倅斉藤栄元が上林秀信の養子となり、10代上林春松（秀元）を襲名（妻は松平豊前守家来小沢太郎右衛門の姉）

1825（文政8年）
困窮を理由に阿波蜂須賀藩から銀5貫匁を借りる

1853（嘉永6年）
米使節ペリー来航

1854（嘉永7年）
日米和親条約調印

1860（安政7年）
桜田門外の変

1867（慶応3年）
大政奉還

1871（明治4年）
廃藩置県

1831〜1845（天保年間）
この頃、宇治の各地で玉露が創製される

1837（天保8年）
御袋茶師上林清泉（牛加）、『嘉木誌』を著す

1853（嘉永6年）
海岸警備に関して宇治茶師三仲ヶ間一同が連判状を幕府に提出する

1854（嘉永7年）
宇治・槇島の大地震

1871（明治4年）
廃藩置県により幕府や藩の後ろ盾を失った宇治茶師の多くが廃業する

1879（明治12年）
第1回製茶共進会（横浜）

1831〜1845（天保年間）
10代秀元が宮林有齋と図り、覆下茶園から濃茶用の芽を密かに摘採し、煎茶と同じように精製。茶銘を「綾鷹」とした。のちに玉露と称される。

1854（嘉永7年）
6月14日槇島の大地震で製茶場を大破し、その修復のため、12月阿波蜂須賀藩より銀5貫匁を借用する

1858（安政5年）
10代上林春松実子秀利が11代上林春松を襲名

江戸幕府の終焉により御茶壺道中の役目を終え、茶師から茶商への転身をとげる

新製品の玉露（綾鷹）を携え茶業の継続を図る。また、阿波蜂須賀家を頼って徳島で茶を販売する

蜂須賀家の好意により特産の藍を入手し、宇治で藍染めを手掛ける

1876（明治9年）
フィラデルフィアでアメリカ建国百周年記念博覧会に上林春松・上林三入が連名で出品、翌年褒賞を得る

1879（明治12年）
第1回製茶共進会で玉露を出品し、2等褒賞金を受領
2月勧農局より印度風紅茶製造伝習卒業証書を授与

1894（明治27年）
日清戦争

1904（明治37年）
日露戦争

1914~18（大正3~7年）
第一次世界大戦

1923（大正12年）
関東大震災

1880（明治13年）
第9回京都博覧会（御所）

1883（明治16年）
第2回製茶共進会（神戸）

1884（明治17年）
4月、京都府下茶業組合取締所設立

1888（明治21年）
平等院門前に宇治製茶記念碑建立

1913（大正2年）
宇治川水力発電所完成により、工場誘致が進み、用地の買収が始まる

1880（明治13年）
第9回京都博覧会で玉露を出品する

1883（明治16年）
第2回製茶共進会に玉露を出品する

1884（明治17年）
高知県共進会に出品する

1885（明治18年）
京都博覧会、イギリス万国発明品博覧会に出品する

1888（明治21年）
宇治製茶記念碑建立にあたり、上林三入とともに発起人会総代を務める

1892（明治25年）
12代上林春松（秀実）襲名

1906頃（明治39年）
通信販売によって全国に販売する

1915（大正4年）
長屋門の修復を行う

1925（大正14年）
宇文字・里尻・若森の茶園2900坪の買収に応じる

1931（昭和6年）
日中戦争

1939〜45（昭和14〜20年）
第二次世界大戦

1964（昭和39年）
東京オリンピック
東海道新幹線開通

1970（昭和45年）
日本万国博覧会（大阪）

1932（昭和7年）
10月、第1回茶業記念祭

1949（昭和25年）
京都府茶協同組合設立

1951（昭和26年）
4月、社団法人京都府茶業協会設立
10月、第1回宇治茶祭り

1964（昭和39年）
宇治茶祭奉賛会が興聖寺境内に茶筅塚を建立

1926（大正15年・昭和元年）
13代上林春松（賢二）襲名

1943（昭和18年）
13代春松がビルマ戦線へ召集される

1946（昭和21年）
13代春松が戦地より帰還。
得意先を失い、通販から卸売業に転じる

1951（昭和26年）
9月13日、有限会社上林春松本店設立

1968（昭和43年）
上林秀章が代表取締役に就任
抹茶工場を本店に残し、製茶工場と冷蔵庫を移転する

1975（昭和50年）
京都高島屋に出店

1978（昭和53年）
宇治・上林記念館開館

1991（平成3年）
バブル経済が崩壊し始める

2012（平成24年）
7月、公益社団法人京都府茶業会議所設立
2015（平成27年）
「日本茶800年の歴史散歩」が日本遺産に認定される

1979（昭和54年）
14代上林春松（秀章）襲名
1980（昭和55年）
伊勢丹新宿店、浦和店、松戸店に出店する
1997（平成9年）
ジェイアール京都伊勢丹に出店する
2000（平成12年）
宇治市の都市計画により社屋、製茶工場を移転する
春松が宇治茶祭奉賛会会長を務める（2011まで）
2004（平成16年）
春松（秀章）が取締役会長に、長男秀敏が代表取締役に就任
2007（平成19年）
日本コカ・コーラ社のペットボトル緑茶「綾鷹」の開発協力を行い、発売が開始される
2009（平成21年）
上林春松家の建造物が「宇治の重要文化的景観」に選定される
2010（平成22年）
宇治・上林記念館の隣に直営小売店を開店する
2015（平成27年）
宇治・上林記念館、茶室などが日本遺産の一部となる
AKAGANE RESORT KYOTO HIGASHIYAMA 内に Salon de KANBAYASHI をオープンする

あとがき

茶業の歴史また当家の足跡については、伝え知っていたつもりでしたが、この度文章に認める機会をいただいたことで、新たな発見もあり感慨深く感じております。

歴史は過去のものではなく、現代にも繋がっており、そしてまた未来にも続いていくものであり、現代を生きる私たちは未来に恥じない歴史を築いていくことこそが、与えられた責務と改めて感じております。

本書は二〇一一年六月にお話をいただき、実に六年の月日を経てようやく出版の運びとなりました。

末尾になりましたが、坂本博司先生、宮帯出版社様をはじめ、多くの御関係者の皆様には長い間ご努力をいただき、心より感謝申し上げます。

上林秀敏

参考文献

・上林いとこ会「上林家の先人たち――丹波から宇治へ」
・上林清泉「嘉木誌」
・上林春松秀利「茶の沿革」
・上林春松・上林三入「宇治製茶記念碑記録」
・ジョアン・ロドリゲス『日本教会史』上（大航海時代叢書Ⅸ、岩波書店、一九六七年）
・『角川茶道大事典』（角川書店）
・『宇治市史』2・3・4（宇治市市役所）
・『綾部市史』上巻・下巻・資料篇（綾部市）
・宇治市歴史資料館編『宇治茶の文化史』（宇治市教育委員会、一九九三年）
・宇治市歴史資料館編『緑茶の時代――宇治・黄檗の近世史――』（宇治市歴史資料館、一九九九年）
・宇治市歴史資料館編『収蔵文書調査報告書6　上林春松家文書』（宇治市歴史資料館、二〇〇四年）
・宇治市歴史資料館編『収蔵文書調査報告書9　上林春松家文書』（宇治市歴史資料館、二〇〇七年）
・その他、上林春松家収蔵文書

謝辞　写真掲載にあたって、クレジット表記以外に、左記の方および機関にお世話になりました。記して感謝します。
中村修也氏撮影・提供（20頁：陸羽像）
宇治市商工観光課撮影・提供（90頁：宇治・上林記念館館内）
史料翻刻・解説　上林春松・宮帯出版社編集部

〔著者紹介〕

上林秀敏 KANBAYASHI Hidetoshi

1966年生まれ。
有限会社上林春松本店代表取締役。

上林春松 KANBAYASHI Shunshō

1932年生まれ。
上林春松家14代当主、有限会社上林春松本店取締役会長、宇治・上林記念館館長。
京都府茶協同組合理事長、京都府茶業会議所会頭など歴任。

宇治茶と上林一族

2017年9月13日 第1刷発行 〈検印省略〉

著　者 上林春松・上林秀敏
発行者 宮下玄覇
発行所 株式会社宮帯出版社
京都本社 〒602-8488
京都市上京区真倉町739-1
電話 075-441-7747(営業) 075-441-7722(編集)
東京支社 〒160-0017
東京都新宿区左門町21
電話 03-3355-5555
http://www.miyaobi.com
振替口座 00960-7-279886
印刷所 モリモト印刷株式会社
定価はカバーに表示してあります。落丁・乱丁本はお取替えいたします。

 ISBN978-4-8016-0075-1 C0021

経験豊かな手代たちが、お茶の形までひとつずつ改めながら仕上げの選別作業をしている様子（『古代製茶図』明治期の写より）